Christian Mörsch

AF673016

Windgeflüster

Märchen, die vom Leben erzählen

Schweitzerhaus Verlag

Frangenberg 21, 51789 Lindlar

T. 02266 47 98 211, M 0177 755 2991

Mailto: mail@schweitzerhaus.de

Umschlaggestaltung, Satzlayout: Karin Schweitzer

3. Auflage 2019

ISBN 978-3-939475-50-7

Besuchen Sie uns im Internet:

www.schweitzerhaus.de

Windgeflüster

Manchmal weht ein Lied mit dem Wind,
das ich nicht verstehe.
Manchmal scheint ein Licht, das mit mir spielt,
Sterne, die vom Himmel winken,
Schmetterlinge, die meine Gedanken verwehen.

Da ist ein Fluss, der vorüberströmt,
ein Lied, das vom Leben singt.
Doch will ich es greifen,
sind nur bunte Blätter geblieben
vom Baum der Erkenntnis.

Warten -
auf ein neues Lied.

Inhalt

Die Nacht der 100 Sterne

Seit Tagen schon war es Nacht. Nur aus den Fenstern der kleinen Häuser fiel warmes Licht, während draußen dicke Schneeflocken wie Armeen winziger Schmetterlinge vom Himmel fielen.

Es war bitterkalt, als der Sucher die behagliche Oase seines Hauses verließ. Der Mann stapfte über die schmale verschneite Straße, die im Sommer Berlevåg mit Tana Bru verbindet. Der frisch gefallene Schnee knirschte leise unter seinen Schritten. Er dachte daran, wie es hier oben im Sommer war. Die sanften Strahlen der Mitternachtssonne ließen die Welt dann in Goldlicht ertrinken und gewährten der Dunkelheit keinen Einlass. Heute aber, in dieser allgegenwärtigen Polarnacht, in der die Sonne sich in ihren entferntesten Schlupfwinkel zurückgezogen hatte, schien es, als ob die Zeit einfach stehengeblieben war.

Der Sucher trug seinen Namen nicht von ungefähr. Wann immer er Zeit fand, suchte er nach dem Sinn des Lebens oder forschte nach den Geheimnissen des Universums. Nachdenklich blickte er in die schneegetränkten Wolken, die die Sterne verdeckten. *Wie groß das Universum ist, und die Erde ist nur ein winziger Teil davon ...*, dachte er. *Aber irgendwo, irgendwo muss auch das Universum zu Ende sein.*

Der Schnee tanzte in der Luft und haftete schmelzend an seinen geröteten Wangen. Mit einem Mal meinte er, leise Schritte hinter sich zu hören. Er fuhr herum. – Nichts.

Als er weiterging, waren die Schritte wieder da.

„Wer ist da?", rief er ängstlich.

„Möchtest du wirklich wissen, wo das Universum zu Ende ist?", fragte eine lockende Stimme.

Er war verblüfft. Konnte die Stimme seine Gedanken lesen?

„Komm mit mir!"

Er starrte angestrengt in die Dunkelheit. „Wo bist du?"

„Du brauchst nur auf meine Schritte zu hören. Komm mit!"

Der Sucher überlegte hin und her, und her und hin, doch dann beschloss er, den Schritten zu folgen. Eine solche Gelegenheit wollte er sich nicht entgehen lassen.

Überrascht starrte er in den Himmel, als es plötzlich aufhörte zu schneien und die Wolkendecke aufriss. Das sanfte Licht einiger Sterne bahnte sich seinen Weg durch die Wolkenlücke bis hinunter zu dem Sucher.

„Es sind genau 100 Sterne, – wenn du nachzählen würdest", erklärte die Stimme. „Die Nacht der 100 Sterne ist eine besondere Nacht.

Wünsche dir, auf einem dieser Sterne zu stehen, und dein Wunsch wird dir erfüllt. – Vielleicht kannst du von dort schon das Ende des Universums erblicken."

Da oben lag die Antwort auf seine Frage und wartete auf ihn. Würde ihn dieser unsichtbare Unbekannte wirklich auf einen der Sterne bringen? Würde das nicht furchtbar lange dauern?

„Und wie komme ich wieder zurück?", fragte der Sucher besorgt.

„Es gibt immer einen Weg", entgegnete die Stimme geheimnisvoll und verstummte, als hätte sie gesagt, was zu sagen war.

Lange Zeit überlegte der Sucher. Widersprüchliche Gefühle kämpften in seinem Innern. Ein Teil von ihm sehnte sich nach den versprochenen Verlockungen einer Reise zu den Sternen, ein anderer Teil jedoch hielt ihn ängstlich zurück. Doch schließlich übermannte ihn sein ungestillter Wissensdurst.

Welcher Stern war wohl am weitesten von der Erde entfernt? Ob die kleinsten Sterne näher am Rand des Universums lagen als die großen?

Er wusste nicht, wie lange er suchend in den Himmel geblickt hatte, aber endlich entschied er sich für den scheinbar kleinsten Stern, der kalt und teilnahmslos zu ihm hinab spähte.

Mit einem Mal bemerkte er ein Kribbeln in seinen Füßen, das sich langsam bis zu seinen

Armen hinaufschlich. Seine Glieder schienen plötzlich weit entfernt und schwach. Bunte Schmetterlinge flatterten durch seinen Kopf und verwirbelten seine Gedanken, bis er nicht mehr wusste, ob er noch stand oder irgendwo zwischen den Weiten des Universums schwebte.

Der Sucher schüttelte verwirrt den Kopf, als wollte er seine Gedanken wieder an ihren angestammten Platz zurückführen. Ein Heer aus lautlosen Sternen blickte auf eine kahle Felslandschaft hinab. Es mussten Millionen sein, oder gar Milliarden. Fast schien es, als seien sie greifbar nah. Und doch spürte er ihre unfassbare Ferne.

„Bin ich wirklich auf dem kleinen Stern gelandet?", fragte er sich.

Als er sich suchend umblickte, entdeckte er etwas Merkwürdiges. Hinter einem hohen Felsen quoll weißer Rauch empor. Wohnte etwa jemand auf diesem Stern?

Ein schmaler Pfad führte zu dem Felsblock. Als er sich der Rauchwolke näherte, erkannte er, dass diese aus dem Schornstein einer Hütte emporstieg, die im Schatten das Felsens lag. Kurze Zeit später stand der Sucher vor der windschiefen Hütte und klopfte zaghaft an die Tür.

„Komm herein, Menschenkind!" , rief eine dunkle Stimme.

„Guten Tag", sagte der Sucher. Vor seinen Augen saß ein kleiner Mann, krumm und verwittert wie ein alter Baum.

„Ich bin der Wächter der 100 Sterne. – Hast du schon zu Abend gegessen?"

„Nein, aber ..."

„Setz dich und nimm dir vom Brot und heißen Tee", unterbrach ihn der alte Mann.

„Vielen Dank. – Aber ich ..."

Der Alte schüttelte ernst den Kopf. „Ein gefüllter Magen ist geduldiger als ein leerer."

„Ich möchte doch bloß bis zum Ende des Universums schauen", erwiderte der Sucher und nahm widerwillig ein Stück von dem noch warmen Brot.

„Glaubst du, dass es tatsächlich eine Grenze gibt, an der das Universum einfach aufhört zu existieren?", fragte der Alte.

Der Sucher zuckte mit den Schultern. „Es muss eine Grenze geben." „Weil du überall Grenzen suchst", ergriff der Alte das Wort. „Wenn du die Grenze des Universums sehen könntest, würdest du dich dann nicht fragen, was hinter dieser Grenze liegt? Könntest du dir vorstellen, dass dahinter Nichts ist?"

„Du meinst, es ist egal, ob da eine Grenze ist oder nicht? – Aber was ist dann Unendlichkeit?"

„Es ist leicht, etwas zu beschreiben, das man sehen, hören oder fühlen kann, weißt du? Unendlichkeit aber ist ein Wort, das die

Menschen erfunden haben für etwas, dass sie nicht fassen können."

„Irgendwie muss man sich Unendlichkeit doch vorstellen können, wenn es sie schon gibt!"

Der Wächter der 100 Sterne versank in tiefes Schweigen. „Siehst du den hellen Stern dort?", entgegnete er schließlich. „Vor langer Zeit schickte er einen Lichtstrahl auf seine Reise durch das Universum. Und gerade, in diesem Augenblick, zieht sein Licht an uns vorüber. Vielleicht ist der Stern schon erloschen, wer weiß? Sein Licht aber, das ist noch immer da."

„Hmmm ... Darf ich dir noch eine Frage stellen?" Der Wissensdurst des Suchers war noch lange nicht gestillt.

Der Alte nickte und wickelte eine Locke seines schneeweißen Bartes um den Zeigefinger.

„Was ist der Ursprung der Dinge?", fragte der Sucher voller Eifer.

„Diese Frage", sagte der Alte ein wenig bedauernd, „kann ich dir nicht beantworten. Vielleicht weiß mein Freund Ajano eine Antwort."

„Wer ist Ajano?"

„Ein Delphin. Er lebt im Meer auf der anderen Seite des Sterns."

Bald darauf verließ der Sucher den Wächter der 100 Sterne, um sich auf die Suche nach Ajano zu machen. Der Weg, der ihn zum Haus des Alten geführt hatte, setzte sich hinter der

Hütte fort. Nach einer Weile begann der Weg anzusteigen, und vor dem Sucher erhob sich ein hoher Berg. Weiter und weiter führte der Pfad den Berg hinauf, bis er an einer Tunnelöffnung endete.

Der Eingang zum Tunnel war grob in den schwarz glänzenden Fels hineingeschlagen. Spitze Felsen ragten in die Öffnung hinein wie die Zähne eines hungrigen Bergriesen. Der Sucher hatte mit einem Mal den Wunsch umzukehren. Aber als er sich umdrehte, war dort kein Weg mehr. Es schien, als sei der Weg allein für ihn geschaffen worden, ein Weg, der ein Zurück nicht duldete.

Zu seiner Überraschung zeigte sich der Tunnel schwach beleuchtet. Von Zeit zu Zeit war eine brennende Fackel an der Felswand befestigt. Nach kurzer Zeit kam er an eine große eiserne Tür. Er versuchte, sie zu öffnen, aber er fand keine Klinke.

„He, he, warum so eilig, Menschenkind?“

Erschrocken drehte er sich um.

Hinter ihm stand ein kleinwüchsiger Gnom. „So leicht kommst du nicht durch diese Tür!“

Dann gab er dem Sucher eine Frucht. „Was ist das?“, fragte er.

„Ein Apfel?“

„Ja, aber was ist ein Apfel?“

Erleichtert atmete der Sucher auf. Das konnte ja wohl nicht so schwer sein. Und so beschrieb er die Form, die Farbe, den Geschmack, den Duft, das Gehäuse, den Zweig, an dem der Apfel gewachsen war, den Baum, die Landschaft und das Gesetz, nach dem er vom Baum fiel. Doch, erkannte er plötzlich, das war noch nicht der ganze Apfel. Denn zu diesem Apfel gehörte auch das Wetter, das Jahr, die Sonne, der Mond und die Sterne. Immer mehr Dinge fielen ihm ein. Er redete und redete, bis ihm der Gnom lachend ins Wort fiel.

„Siehst du, es ist schwer, die Wirklichkeit in Worte zu fassen."

„Kannst du das denn?"

„Ich weiß noch nicht mal, was die Wirklichkeit ist. Wie sollte ich sie dann in Worte fassen?"

„Aber es muss doch jemanden geben, der die Wirklichkeit kennt!"

Der Gnom zuckte mit den Schultern.

In diesem Moment öffnete sich die Tür fast lautlos. Der Gnom jedoch war verschwunden.

In dem Gang hinter der Tür herrschte völlige Dunkelheit. Langsam tastete sich der Sucher voran und fand die kalten Stufen einer schroffen Steintreppe, die fast senkrecht hinabzuführen schien. Gefangen in undurchdringlicher Schwärze merkte er, wie jäh Angst in ihm aufstieg. Vorsichtig folgte er den abwärts führenden Stufen. Er strengte seine Augen an, aber er sah nichts als Dunkelheit. Es mag vielleicht eine Stunde gedauert haben, bis die

Treppe endlich aufhörte. Zögernd tat er ein paar Schritte vorwärts. Der Gang schien nun eben zu verlaufen. Er folgte seinen Windungen, die eine Hand an der feuchten Wand, die andere vor sich ausgestreckt und in der Schwärze tastend. Nach einer Weile bemerkte er erleichtert ein schwaches Glühen, das den Tunnel in ein mattes Licht tauchte. Einige Schritte weiter vorn, wo der Gang erneut hinter einer Kurve verschwand, schien das Licht stärker zu werden. Als der Sucher um die Ecke bog, strömte goldenes Licht auf ihn ein, das aus einer seitlichen Öffnung der Tunnelwand in den Gang hineinsickerte.

Er musste sich bücken, als er durch die Öffnung schritt und blieb überwältigt stehen. Er schaute sich um und erblickte eine Höhle aus tausenden von großen und kleinen, breiten und schmalen, spitzen und abgeflachten Tropfsteinen, die in bunten Farben schillerten. „Die Vielfalt der Welt ...“, dachte der Sucher fasziniert. Er entdeckte eine Reihe von Tropfsteinen, die wie eine Kirchenorgel angeordnet waren, einige bildeten riesige Säulen, andere ein großartiges Märchenschloss.

Durch diese wundersame Höhle floss ein schmaler Fluss, der mit seinem gleichmäßigen Rauschen die Felsgrotte mit dem Klang von Leben erfüllte. Mitten in der Höhle lag ein kleines Boot, das mit den Farben des Regenbogens bemalt war.

Alle Flüsse werden geboren, um das Meer zu finden, dachte der Sucher hoffnungsvoll. *Vielleicht wird mich der Fluss zu Ajano führen.*

Er zog das Boot ins Wasser und sprang hinein. Die Strömung des Flusses trug ihn durch die Höhle, bis das Flussbett in einem ungeheuren Loch verschwand.

Der Fluss schlängelte sich durch unzählige Gänge und kleine Höhlen. „Wie lange das Wasser wohl gebraucht hat, um einen Weg durch das harte Gestein zu finden?", fragte sich der Sucher. Warum hatte der Fluss gerade diesen Weg gewählt? Einige Windungen erschienen ihm unnötig, ja überflüssig. Aber gab es überhaupt ein Leben, das einfach nur schnurgerade verlief?

Schließlich aber entließ der Berg den Fluss aus seiner Obhut. Erleichtert genoss der Sucher den Blick auf Millionen von nadelspitzen kleinen Sternen, die sich unzählbar über das Himmelszelt verteilten. Das Sternenheer zwinkerte ihm zu, als wollte es ihn begrüßen. Langsam, aber stetig glitt sein hübsches Boot mit dem Wasser durch eine unbekannte Welt.

Lange Zeit trieb das Boot träge auf dem Fluss dahin, bis schlagartig ein heftiger Wind seine Stimme erhob und zu einem wütenden Brausen anschwellen ließ. Man konnte fast meinen, dass er in einem geheimen Versteck gewartet hatte, bis der Sucher in seinem Boot an ihm vorbeifuhr, um dann blitzartig hinter ihm her zu hasten wie hinter einem Feind, den man nicht entkommen lassen durfte. Das Boot begann heftig hin und her zu schaukeln. Beißend kalte Böen strichen über ihn hinweg, als seien sie auf der Suche nach warmen Körpern. Seine Augen hielten Ausschau nach dem Flussufer, doch rundherum war nichts als Wasser. Ob er schon auf dem Ozean war?

Plötzlich schoben gierige Wellen ihren Kamm unter das Boot.

„Ajano! Wo bist du?", rief der Sucher ängstlich. Der Wind wehte immer heftiger und fegte über die weißen Schaumkronen hinweg.

Der Sucher hielt sich stöhnend am Rand des Schiffes fest. Sein Boot hob sich steil aus dem Wasser, um sofort darauf wieder in einem tiefen Wellental zu versinken.

Eine Welle, die sich an der Seite des Schiffes brach, durchnässte ihn bis auf die Haut. Der nächsten hohen Welle konnte sein kleines Boot nicht mehr trotzen. Mit einem angsterfüllten Schrei stürzte er in die eiskalten Fluten. Er versuchte zu schwimmen, um sich über Wasser zu halten und verschluckte sich an dem kalten, bitter schmeckenden Wasser. Immer öfter verschwand sein Kopf unter den Wellen. Plötzlich spürte er, wie ihn etwas Weiches über die Wasseroberfläche drückte.

„Halt dich fest!", hörte er eine sanfte Stimme.

Der Sucher grub seine Hände in das weiche Etwas.

Als das unbekannte Wesen den Sucher endlich abschüttelte, stellte er überrascht fest, dass das Wasser ihm nur noch bis zu den Knien reichte. Vor ihm lag ein weiter weißer Sandstrand.

Er war so außer Atem, dass er nur ein leises „Dankeschön!“, herausbrachte.

„Du hast mich gerufen“, sagte das Wesen nach einer Weile.

Da erkannte der Sucher, dass es Ajano sein musste, der ihn gerettet hatte.

„Wie hast du mich gefunden?“, fragte er verdutzt, aber der Delphin gab keine Antwort.

„Hat dich der Wächter der 100 Sterne zu mir geschickt?“, wollte er statt dessen wissen.

Der Sucher nickte.

„Dann hast du eine wichtige Frage auf dem Herzen?“

Sein Herz schlug immer noch schnell. „Ja – was – was – ist der Ursprung der Dinge?“

„Du suchst also nach dem Sinn des Lebens?“

„Ja, ja genau.“

Ajano lächelte. „Ich kenne keine Antwort auf die Frage nach dem Ursprung der Dinge, die ich in Worte kleiden könnte.“

„Was meinst du damit?“

„Erinnerst du dich daran, wie du als kleines

Kind auf jede Antwort deiner Mutter eine neue Frage nach dem Warum gestellt hast? So gebärt jede Antwort auf ein Warum ein neues Warum. Vielleicht gibt es gar keine letzte Frage nach dem Warum. Und wenn doch, dürfte es dann überhaupt eine Antwort darauf geben? Eine Antwort, die aus Worten besteht?“

„Warum nicht?“

„Damit du keine neue Frage stellen kannst.“

„Und wie stellst du dir eine Antwort ohne Worte vor?“

„Ein Lächeln, ja – ich könnte dir auf deine Frage nach dem Sinn des Lebens mit einem Lächeln antworten. Verstehst du?“

„Ich glaube schon“, gab der Sucher vor.

„Du hast mich nicht verstanden, oder?“, ertappte ihn der Delphin.

Der Sucher schüttelte den Kopf. „Ich bin mit so vielen Fragen auf deinen Stern gekommen“, sagte er traurig. „Aber Antworten habe ich hier nicht gefunden.“

„Und wenn du eine Antwort gefunden hättest?“

„Dann wäre ich nicht umsonst auf diesem Stern gewesen.“

„Weißt du, je mehr Antworten du aufspürst, desto mehr Fragen wirst du finden. Vielleicht aber liegen in jedem Augenblick, in jedem kleinen Stein, in jedem Staubkorn mehr Antworten verborgen als in all deinen Fragen, die du je stellen wirst. – Doch zu leben, heißt nicht nur fragen und suchen. Könntest du dann noch genießen – und lieben?“

„Hmmm ....“, machte der Sucher, und es war ihm, als würden die Worte ganz leise an eine geheime Tür seiner Seele klopfen. „Kannst du mir helfen, zur Erde zurückzukehren?“

Ajano blickte aufmerksam in den Himmel. „Das Polarlicht wird dich auf seinem Weg zur Erde begleiten.“

Plötzlich lag ein hauchzartes Schwingen in der Luft. Helle Strahlenbündel flossen über den Himmel, leuchtende Stangen wie aus Glas, in allen Farben, sich drehend und windend, – quer über das ganze Sternenmeer hinweg ...

Der Drache, der die Angst vertrieb

Es war ein trüber Februarmorgen. Kalte Nebelschwaden schlichen durch die Gassen und bemühten sich, die Farben von Ellmau zu löschen, um sie mit einem tiefen Grau zu übermalen. Aber dieses Vorhaben sollte ihnen am heutigen Tag besonders schwerfallen, denn durch den frostigen Nebel huschten fröhliche Masken und lachende Gestalten. Es war das Fest der Krokusblüte, doch in diesem Jahr versteckten sich die Propheten des nahenden Frühlings noch unter einer weißen Decke aus träumendem Parmesankäse. Die Menschen aber kümmerten sich an einem solchen Festtag nicht um den Nebel und ließen sich ihre Laune von diesem grießgrämigen Gesellen nicht verderben. Schon seit Wochen hatten sie heimlich hinter verschlossenen Türen an ihren Kostümen gebastelt, genäht, gestrickt, geschnitten und geklebt. Wie in jedem Jahr sollte das schönste Kostüm einen Preis erhalten, und so verriet man den Nachbarn, Freunden und Verwandten natürlich nicht, welche Ideen, Stoffe und Muster man für das Krokusfest gesammelt hatte. Heute war es endlich soweit, und die bunten Geheimnisse wurden stolz durch die Straßen von Ellmau getragen. Der Nebel wunderte sich. Sonst ließen sich die Menschen doch so gerne ärgern und liefen missmutig umher, wenn er sich vor die Sonne legte. Bald jedoch war es der graue Spielverderber leid, ohne jegliche Würdigung seine Kraft zu verschwenden und zog sich beleidigt in eine dunkle Ecke zurück.

So kam es, dass die Sonne trotz ihrer spätwinterlichen Müdigkeit an diesem Morgen rot wie eine Schüssel voller Tomatensauce am Horizont hervorkroch. Sie hatte noch nicht genügend Kraft, um die Eisblumen an den Fenstern zum Schmelzen zu bringen, doch reichten ihre sanften Strahlen, um die Herzen der Menschen zu erwärmen.

Ellmau lag inmitten eines großen Waldes. Alte Backsteinhäuser und verwinkelte Gassen scharten sich um ein mächtiges Kirchenschiff, dessen spitzer Turm alle übrigen Gebäude überragte. Eine dickbauchige Mauer legte sich schützend wie eine dieser langen wohlschmeckenden italienischen Teigwaren um die Stadt. Lediglich im Norden und Süden fand man zwei breite Stadttore, die den Fremden Einlass in die wohnliche Welt aus Stein gewährten. In manchen Jahren geschah es, dass auch ein Bewohner eines umliegenden Dorfes zum Krokusfest erschien, meistens mit einem schlichten Kostüm, um kein Aufsehen zu erregen. In diesem Jahr aber war alles ein wenig anders. Die Menschen von Ellmau hatten sich gerade auf dem mit Fahnen geschmückten Marktplatz versammelt, als plötzlich ein Raunen durch die Menge ging. Zuerst sahen sie nur ein schillernd grünes Fell, das sich dem Nordtor näherte, bis sie schließlich das makellose Kostüm eines schwergewichtigen Drachen erkannten.

„Komm herein, Fremder!", riefen die Menschen und bestaunten die großartige Verkleidung.

„Warum lauft ihr nicht weg und habt keine Angst?"

„Das ist ein wunderbares Kostüm!", riefen die Menschen.

„Aber – ich bin doch ein Drache!"

„Ja, – aber zum Glück kein echter!“, lachte einer. „Tritt ein!“

Der Drache freute sich über die Einladung und schritt erwartungsvoll durch das Stadttor.

Im Wald aber lebte tatsächlich ein Drache, doch das hatten die Menschen am heutigen Festtag vergessen. Schon seit langer, langer Zeit hatte der Drache den Wunsch, einmal mitten unter den Menschen zu verweilen. Aber jede seiner Begegnungen mit diesen zweibeinigen Wesen war nur von kurzer Dauer gewesen. Die Menschen waren bei seinem Anblick schreiend davongelaufen und hatten sich hinter der schützenden Stadtmauer verschanzt.

Nun hatte der Drache zufällig gehört, dass bald ein großes Fest in der Stadt stattfinden sollte. Er wollte den Menschen ja das Fest nicht verderben, aber er war doch zu neugierig, um in seinem Bau zu verharren und beschloss, nach Ellmau zu wandern.

Als er nun durch das Stadttor schritt, klatschten die Menschen anerkennend und warfen ihm bewundernde Blicke zu. Der Drache war sehr verwirrt. Hatten die Menschen sich etwa geändert? Das wäre ja wundervoll, überlegte er und winkte den Menschen zu.

So feierte der Drache mit den Menschen das Fest der Krokusblüte, und als es Abend geworden war, erhielt er den Preis für das schönste Kostüm. Nett waren sie gewesen, die

Menschen, dachte er und war ganz gerührt.

Schließlich erklärte der Bürgermeister das Fest für beendet, und die Menschen strömten zurück in ihre Häuser. Bis zum nächsten Morgen hatten alle ihre Kostüme wieder in den Schränken versteckt, nur – der Drache natürlich nicht.

„Das Fest ist vorbei!“, riefen ihm die Leute zu. Ein Kostüm, das dürfe man nur am Tag des Krokusfestes tragen. Niemand würde an einem ganz normalen Tag als tanzender Schalk durch die Gassen laufen. Nein – das gehörte sich nicht!

„Ich will mein Kostüm aber behalten!“, beschwerte sich der Drache nicht ohne Grund.

Das sei unmöglich, sagten die Leute. Als der Drache sich nun weiter weigerte, seine Verkleidung abzulegen, zogen und zerrten sie an seinem Kostüm, denn sie wollten jetzt endlich wissen, wer sich darunter verbarg. Aber natürlich gelang ihr Vorhaben nicht.

„Vielleicht ist es doch ein wirklicher Drache!“, rief einer.

„Ein echter Drache!“, wiederholte ein anderer mit Unheil verkündender Stimme.

Als ob sie es alle schon längst geahnt hätten, liefen die Leute wie auf Kommando kreischend und kopflos in alle Richtungen davon.

Nur ein alter Mann blieb stehen. „Warum lauft ihr davon?“, rief er den verängstigten Menschen hinterher. „Der Drache, selbst wenn es ein leibhaftiger wäre, hat euch doch nichts getan, solange er in eurer Mitte verweilte. Warum sollte er, bloß weil ihr ihn nun erkannt habt, zu einem bösen Geschöpf werden? – Wisst ihr denn nicht, dass das böse Geschöpf nur in euren Köpfen lebt? Seht doch, wie traurig der Drache ist!“

Da kehrten die Leute zögernd – und noch ein wenig misstrauisch – zurück und bemerkten verdutzt, wie eine kleine Träne über das Gesicht des Drachen lief.

So kam es, dass die Menschen fortan nichts mehr dagegen hatten, dass der Drache bei ihnen wohnte. Abend für Abend entzündete er das Feuer der Nachtwache mit seinem heißen Atem. Und tagsüber nahm er die Kinder auf seinen kräftigen Rücken und trug sie vergnügt durch die Straßen der Stadt. Oft erzählte er lange Geschichten aus seinem Leben. Es war ein sehr einsames Drachenleben gewesen. Denn immer hatten die Menschen nur sein ungewohntes Äußeres betrachtet und sich niemals gefragt, ob sich hinter dem struppigen Fell nicht vielleicht ein liebenswertes Wesen verbarg.

Gedankensprünge in eine geheimnisvolle Welt

Lisa schaute gespannt auf ihre neue Uhr. Noch eine Stunde – dann sollte es endlich losgehen. Träge zog der Minutenzeiger über das Zifferblatt, während sie mit gepackten Koffern vor der Haustür wartete.

Lisa war ein liebenswertes Mädchen, fröhlich und wohlerzogen, so wie Erwachsene sich Kinder eben vorstellten. So kam es, dass die Verwandtschaft sie nach Strich und Faden verwöhnte und ihr jeden Gefallen von ihren grasgrünen Augen ablas. Oma gab ihr ein besonders süßes Bonbon, wenn sie zu ihr kam, Tante Sophie schenkte ihr eine goldene Haarspange, und bei Onkel Hugo konnte sie tun und lassen, was sie wollte. Und wenn sie traurig war, tröstete sie ihre Mutter, bis sie wieder lachte.

„Aber warum wurden nur die Kinder verwöhnt und getröstet? Und warum waren die Erwachsenen so anders, wenn sie unter sich waren?“, fragte sie sich.

Sie erinnerte sich an einen kalten Winterabend, an dem sie sich aus ihrem Bett geschlichen hatte. Lisa war neugierig gewesen, was die Erwachsenen wohl machten, wenn sie im Bett liegen musste. Also lugte sie durch das Schlüsselloch der Wohnzimmertür. Doch es war eine ganz andere Welt als die, die sie kannte. Natürlich kannte sie die Personen, die da auf den Stühlen saßen. Aber ihr Vater, der sonst so gerne mit ihr lachte, zog seine Stirn in Falten und machte ein ernstes Gesicht. Mutter saß am anderen Ende des Tisches und tat so, als ob sie Vater gar nicht bemerkte. Und Oma starrte traurig vor die weiß getünchte Wohnzimmerwand. *Komisch, da gab es doch gar nichts zu sehen,* dachte Lisa.

Warum war die Welt nur so anders, wenn sie nicht dabei war? Gab es denn zwei Welten und die Erwachsenen taten so, als gäbe es nur eine, wenn sie tagsüber bei ihnen war?

„Werden alle Kinder einmal erwachsen?“, hatte sie am nächsten Morgen von ihrem Vater wissen wollen.

„Natürlich!“, hatte er geantwortet. Lisa wusste nicht, ob sie froh oder traurig sein sollte, dass sie eines Tages die Welt der Erwachsenen kennenlernen sollte.

Dann hatten ihre Eltern beschlossen, sie in den Sommerferien zu Onkel Hier und Tante Da zu schicken. Die wohnten nämlich an einem herrlich blauen See, in dem sie jeden Tag baden konnte, wenn sie wollte.

Pünktlich wie die Feuerwehr bog Onkel Hier um die Ecke, um Lisa abzuholen. Es dauerte einen halben Tag, bis sie das alte Fachwerkhaus am See erreichten. Tante Da schloss Lisa in ihre Arme und zeigte ihr, was sie gekocht hatte. Lisa strahlte – Kartoffelpüree und Sauerkraut. Das war ihr Lieblingsessen!

Am Nachmittag streifte sie durch den Garten und wanderte ein Stück am See entlang. An seinem Ufer streckten sich hohe Erlen dem Himmel entgegen. Große Schwärme von Mücken führten in der bläulichen Luft ein großartiges Ballett auf. Lisa setzte sich auf die Uferböschung, zog ihre Schuhe aus und steckte ihren großen Zeh in das Wasser. Uh, war das kalt! Vergnügt beobachtete sie die Spiegelungen der Schäfchenwolken im Wasser und lauschte dem unermüdlichen Gesang einer Turteltaube.

An den nächsten Tagen regnete es in Strömen. Also dachte sich Lisa eine Menge Spiele aus, die sie mit Onkel Hier und Tante Da spielen konnte. Onkel Hier schüttelte verlegen seinen Kopf, als er ein Pferd nachahmen und Lisa auf seinem Rücken durch das Haus tragen sollte. „Auf was für Ideen Kinder kommen ...!“

So verbrachte Lisa wunderbare Tage. Abends aber schickte sie Tante Da früh ins Bett. Und das, obwohl sie noch gar nicht müde war. Ob das die Zeit war, zu der Onkel Hier und Tante Da die Welt der Erwachsenen besuchten?

An diesem Abend konnte sie nicht einschlafen, so sehr sie sich auch anstrengte und

Schäfchen zählte. Also beschloss sie, ein wenig auf dem Dachboden herumzustöbern. Dort würde ihre Tante nicht nach ihr suchen, denn sie war der Meinung, Kinder hätten grundsätzlich Angst, wenn es dunkel war. Lisa nahm ihre Taschenlampe von ihrem Nachttischschränkchen und stieg über eine knarrende Holztreppe zum Dachboden hinauf.

Dutzende von verstaubten Kisten stapelten sich unter den von Spinnweben verdeckten Dachpfannen. Lisa verspürte ein leises Kribbeln, als sie mit ihrer Taschenlampe den Raum erhellte. Eine kleine Maus verschwand erschrocken hinter einem abgewetzten Sofa. An einer Wand entdeckte sie ein Regal, auf dem Hunderte von Andenken ihr Dasein fristeten. „Warum hießen sie eigentlich Andenken, wenn sie doch hier oben verstaubten und keiner mehr an sie dachte?“, fragte sie sich. Eine Windmühle aus Holz, ausländische Geldstücke, glitzernde Steine, große Muscheln, eine chinesische Teetasse, mehrere Bücher und zwei Kerzenständer lagen kreuz und quer über den Regalboden verteilt. Hinter einem Stein versteckte sich ein kleines Fläschchen, das ihre Aufmerksamkeit erregte. „Gedankenlesetropfen“ stand auf dem vergilbten Etikett. Das hörte sich ja spannend an. Lisa versteckte das Fläschchen unter ihrem Schlafanzug und schlich sich mit pochendem Herzen zurück in ihr Zimmer.

Vielleicht konnte sie ja nun herausfinden, was die Erwachsenen wirklich dachten, freute sie sich. Sie war zu gespannt, um bis zum nächsten Morgen zu warten. Lisa nahm also einen Schluck aus dem Fläschchen und lief zu Onkel Hier und Tante Da hinunter, die schweigend in der Küche saßen und sich mit giftigen Blicken bewarfen.

„Ich hatte einen Alptraum!“, versuchte sie ihr nächtliches Erscheinen zu begründen. Onkel Hier und Tante Da wussten gar nicht, was sie sagen sollten.

„Darf ich ein paar Minuten bei euch bleiben? Oben ist es so unheimlich!“

Tante Da fühlte sich in ihrer Meinung über Kinder bestätigt und glaubte ihr jedes Wort. Nur Onkel Hier runzelte misstrauisch die Stirn. „Na gut", stimmte er schließlich zu.

Lisa setzte sich an den Ofen und blickte zu ihrem Onkel hinüber. Schon bald entdeckte sie den ersten Gedanken ihres Onkels, der sich hinter einem grauen Haar versteckte.

Lisa schickte also drei Abgeordnete ihrer Gedanken hinüber zu Onkel Hier. Sein Gedanke konnte gar nicht so schnell zurückweichen, wie er wollte und sah sich im Nu von Lisas Gedanken umzingelt.

„Was wollt ihr hier?", fragte der umringte Gedanke verschüchtert.

„Wir wollen wissen, was du so denkst", gaben die drei Abgeordneten zurück und stellten sich kurz vor.

„Gestatten - man nennt mich die Neugier", begann der größte Abgeordnete. Er machte einen höflichen Knicks und erteilte den beiden übrigen Abgeordneten das Wort.

„Ich bin die Phantasie", sagte ein verschmitzt lächelnder Gedanke und schlug einen Purzelbaum.

Der dritte Abgeordnete hatte einen rundlichen Bauch. „Ich heiße Vertrauen", machte er sich bekannt und rückte noch ein Stück näher an den fremden Gedanken heran. „Und wer bist du?"

„Ich bin nur ein kleiner Gedanke", wehrte er ab, „aber ich kann euch zu meiner Regierung führen, wenn ihr wollt."

„Nur zu, nur zu", antworteten die drei Abgeordneten wie aus einem Munde.

Also öffnete der kleine Gedanke eine verborgene Tür. Ein Gedankenwächter musterte sie mit kritischen Blicken.

„Ich passe schon auf sie auf", erklärte der kleine Gedanke und flüsterte dem Gedankenwächter etwas zu. Dann führte er die drei Abgeordneten in die geheimnisvolle Gedankenwelt der Erwachsenen.

Dicke Mauern und eiserne Tore versperrten ihnen immer wieder den Weg, so dass sie nur langsam vorwärtskamen. Schließlich standen sie vor einem tiefen Graben.

„Bei euch ist aber alles ziemlich kompliziert!", beschwerte sich das Vertrauen.

„Befehl vom Chef!", antwortete der kleine Gedanke und sprang geübt über das Hindernis hinweg.

Die drei Abgeordneten aber waren tiefe Gräben nicht gewohnt. Nur das Vertrauen hüpfte mit einem großen Satz auf die andere Seite, ohne darüber nachzudenken, was passiert wäre, wenn es nicht geklappt hätte. Doch genau dieses Wenn machte der Neugier zu schaffen. Sie blickte zwar wissbegierig auf die andere Seite hinüber, doch einen solchen Satz traute sie sich nicht zu. Die Phantasie baute indessen einen sicheren Steg, aber der – und das war das Problem – existierte nur in ihren Träumen.

„Ich bin gleich zurück. Wartet hier auf mich", rief das Vertrauen ihnen zu und verschwand mit dem kleinen Gedanken in einem dunklen Gang.

Also blieben die Neugier und die Phantasie dort, wo sie waren. Eine Menge von Onkel Hier´s Gedanken liefen ziellos an ihnen vorbei, gingen ein paar Schritte nach vorn, sprangen dann unwillkürlich wieder zurück, nur um bald darauf in einem schmalen Gang zu verschwinden, aus dem sie anschließend mit hängenden Schultern wieder hervor krochen.

„Was macht ihr?", wollte die Neugier wissen.

„Wir? Wir sind mal hier und mal da. Mal schickt uns der Chef in die Vergangenheit, mal in die Zukunft. Er jagt uns hin und her wie ein junges Reh, nur selten lässt er uns ruhen und in der Gegenwart verweilen."

Inzwischen war das Vertrauen mit dem kleinen Gedanken bei Onkel Hier´s Regierung angekommen. Fünf finster blickende Herren sahen Lisas Vertrauen erwartungsvoll entgegen.

„So, so", sagte einer, „Du bist also das Vertrauen."

„Komisch, ich habe mir das Vertrauen immer ganz anders vorgestellt", meinte ein anderer.

„Nun ja, wie auch immer, jetzt gehört es

uns“, stellte ein Dritter fest.

Die beiden übrigen Regierungsbeamten nickten eifrig.

„Aber“, entgegnete das Vertrauen, „ich gehöre zu Lisa. Ihr könnt nun wirklich nichts mit mir anfangen. Hat Onkel Hier eigentlich kein eigenes Vertrauen?“

„Hat er verloren . – Wurde wohl zu oft ausgenutzt.“

„Aha“, nickte Lisas Vertrauen, „und was wollt ihr nun von mir?“

„Befehl vom Chef. Er braucht dich, um einen Teil von dir zu verschenken.“

„Und an wen?“

„An Tante Da“, erklärte ein Regierungsbeamter. Dann fesselte er das Vertrauen mit einem dicken Seil und schleppte es auf einem geheimen Weg hinüber zu Tante Da.

Ein paar von Tante Da´s Gedanken schlichen argwöhnisch um den Gefangenen herum. Ihre Gedanken – bemerkte das Vertrauen – hatten gelernt, gute Schauspieler zu sein und taten so, als seien sie vernünftig und erwachsen. Einige aber fühlten sich nicht wohl in ihrer Haut, denn manchmal wurden sie gezwungen, ein Theaterstück zu spielen, das gar nicht zu ihnen passte.

Onkel Hier´s Regierungsbeamter bat höflich um Einlass. „Ich habe das Vertrauen mitgebracht“, lockte er.

„Aber – das ist ja gar nicht das Vertrauen von Onkel Hier. Sieht mir ganz danach aus, als hätte er wieder einmal das Vertrauen gestohlen“, gaben Tante Da´s Gedanken distanziert zurück.

So sehr der Regierungsbeamte auch bettelte, weiter als bis zu einem großen Vorraum kam er nicht.

„Sag deinem Kopf, ich wünsche mir sein eigenes Vertrauen“, beendeten Tante Hier´s Gedanken das kurze Gespräch und verriegelten die Tür.

Niedergeschlagen schlich der Regierungsbeamte zurück zu seinem Kopf und berichtete leise, was geschehen war. Da wurde der Vorsitzende der Regierung sehr zornig und warf das nutzlos gewordene Vertrauen ins Gefängnis.

Unterdessen war es Lisas Neugier zu langweilig geworden. Also überredete sie die Phantasie, ein wenig in Onkel Hier´s zugänglichen Tunneln umherzustreifen, die vor dem tiefen Graben lagen und in geheimnisvolle Gebiete zu führen schienen. Sie wollte schließlich auch etwas zu erzählen haben, wenn sie zurückkehrte. Viele Gedanken drehten sich ängstlich um, als sie die fremden Abgeordneten bemerkten. Am liebsten wären sie im Verborgenen geblieben. Erwachsenengedanken ließen sich eben nicht gerne entlarven. Als die Neugier etwas genauer hinsah, entdeckte sie, dass die meisten von Onkel Hier´s Gedanken gar nicht so anders waren. Doch schien es im Kopf von Onkel Hier eine andere Hierarchie zu geben als bei Lisa.

„Wer seid ihr?“, fragte sie zwei Gedanken, die angekettet hinter einem Gitter saßen.

„Ich bin die ungespielte Fröhlichkeit. Ich bin in der Welt der Erwachsenen nicht mehr gefragt, besonders seit Onkel Hier zur Arbeit geht. Dort nämlich hat man seriös und höflich zu sein, egal ob man den anderen nun mag oder nicht.“

„Und ich bin die Offenheit“, rief ein anderer Gedanke – froh, dass sich jemand für ihn interessierte. „Onkel Hier glaubt, es müsse alles berechenbar sein, und das klappt wohl am besten, wenn ich nicht im Wege stehe.“

„Wisst ihr, warum es bei Onkel Hier so viele Gedankenwächter gibt?“, erkundigte sich die Neugier.

„Erwachsene haben eben eine viel größere Verantwortung als Kinder und können nicht mehr tun und sagen, was sie wollen“, antwortete die Offenheit.

„Wer sitzt eigentlich in eurer Regierung?“, wollte die Neugier wissen.

„Das Geld und die Sicherheit“, entgegnete die Offenheit. „Vor allem aber sind dort ein paar Gedanken, die sich einfach eingeschlichen haben, ohne dass Onkel Hier sie einmal genau betrachtet hätte – damals, als es noch keine Gedankenwächter gab. Ich glaube, – es sind

Vorurteile, Normen und Gesetze."

„Ruhe jetzt!", brüllten drei schwergewichtige Gedanken und stellten sich wichtigtuerisch vor das Gefängnis.

„Wie heißt denn ihr?", fragten Lisas Gedanken verwirrt.

„Jetzt nur keine Blöße geben!", sagte der Erste.

„Hiergeblieben!", stellte sich der Zweite vor.

„Was sollen denn die Leute denken?", antwortete der Dritte.

„Hui, ihr habt aber lange Namen!"

„Wie seid ihr überhaupt hier hereingekommen?", erkundigte sich der dritte Gefängniswächter.

In diesem Moment purzelte Lisas Vertrauen in das Gefängnis.

„Endlich wieder ein neuer Gast hinter unseren hübschen Gittern!", freuten sich die Aufseher.

Entsetzt erkannten Lisas übrig gebliebene Abgeordnete, wer sich hinter dem neuen Gast verbarg, der schluchzend auf dem kalten Gefängnisboden lag.

„Ihr könnt doch nicht mit dem Vertrauen anderer Leute spielen. Das ist Lisas Vertrauen!", meldete sich die Phantasie empört zu Wort.

„Lisa hin, Lisa her, ihr Vertrauen liegt nun mal jetzt in unserem Gefängnis, und dort bleibt es auch! Nun macht, dass ihr davonkommt, wenn ihr nicht auch noch auf der anderen Seite der Gitterstäbe landen wollt."

Verängstigt liefen Lisas übrig gebliebene Gedanken davon.

„Geht nicht ohne mich!", rief das Vertrauen ihnen hinterher.

Als sie außer Sichtweite waren, blieb die Phantasie unvermittelt stehen.

„Komm – weiter!", rief die Neugier, „Hast du nicht gehört, was die Gefängniswächter gesagt haben?"

„Du willst doch wohl das Vertrauen nicht im Stich lassen", ärgerte sich die Phantasie.

„Natürlich nicht, aber was können wir schon tun?"

Die Phantasie grinste und hielt einen Schlüssel in die Höhe. „Was glaubst du, was das ist?"

„Wie hast du den denn so schnell stibitzt?", staunte die Neugier.

„Bleibt ein Geheimnis", entgegnete die Phantasie.

Also schlichen sich die beiden zurück zum Gefängnis. Die Wächter hatten sich gelangweilt zurückgezogen und waren in ein Kartenspiel vertieft. So bemerkten sie nicht, wie ihre Gefangenen sich in Luft auflösten und verschwanden.

Lisas Gedanken flüchteten ungesehen aus der Welt der Erwachsenen und erzählten ihr, was sie bei Onkel Hier und Tante Da erlebt hatten. *So also war sie – die Welt der Erwachsenen. Es gab eben doch nur eine wirkliche Welt,* dachte Lisa. *Die geheimen Wünsche der Erwachsenen unterschieden sich also gar nicht so sehr von ihren Wünschen, nur war alles viel, viel komplizierter.*

„Wenn ich einmal erwachsen bin", nahm sich Lisa vor (was sie sich natürlich noch gar nicht vorstellen konnte), „werde ich meine Gedanken nicht vor der Welt verstecken, und eine ungeliebte Regierung in meinem Kopf? – Nicht mit mir!" Es kam ihr jedoch sehr seltsam vor, dass alle Erwachsenen einmal Kinder gewesen waren und bestimmt genauso gedacht hatten wie sie.

Doch nun wollte sie nicht mehr länger über solch komplizierte Dinge nachdenken, denn es waren ja schließlich Sommerferien.

Ob Onkel Hier doch noch sein Vertrauen wiedergefunden hat und ob er die Offenheit und die ungespielte Fröhlichkeit wieder eingefangen hat, darüber ist nichts bekannt, denn Lisa hatte vergessen, das Fläschchen mit den Gedankenlesetropfen wieder zu verschließen. Und als sie endlich in ihr Bett kroch, waren die Gedankenlesetropfen längst verdunstet.

Am nächsten Morgen lachte die Sonne von einem fast wolkenlosen Himmel. Lisa lief zum See hinunter und sprang in das seichte Wasser, das ihr großer Zeh für zu kalt befunden hatte. Aber sie wollte sich von ihrem kälteempfindlichen Zeh nichts vorschreiben lassen. Die farbenprächtigen Enten und schneeweißen Schwäne schwammen ja auch den ganzen Tag auf dem See herum, ohne dass sie sich über die Kälte des Wassers beklagten.

Die Welt um Lisa begann zu funkeln und zu glitzern, als die Sonne ihre ersten Strahlen auf den blauen See warf. Ein stolzer Schwan erhob sich majestätisch aus dem Wasser. Seine Flügel schlugen schneller und schneller, wirbelten eine Wolke winziger Wassertröpfchen auf und warfen sie hoch hinauf in die Lüfte. Die kleinen Tröpfchen verharrten dort für einen Augenblick und genossen die unverhoffte Aussicht, bevor sie zurück auf die gekräuselte Oberfläche des Sees fielen. Sehnsüchtig blickte Lisa dem Schwan hinterher, bis sich seine Spuren mit dem Himmel verwischten.

Der kleine Bach oder Die Perlen der Sehnsucht

Die Sonne lugte vorsichtig über die hohen Berggipfel hinweg und begrüßte mit ihren sanften Strahlen den neuen Morgen, als Tara durch das hohe Ufergras des Baches stapfte.

„Mohrle!", rief sie alle paar Schritte und hoffte auf eine Antwort ihres kleinen Kätzchens. Doch der leise murmelnde Bach schien der einzige zu sein, der ihr Rufen hörte.

Tara war bereits eine Weile dem Lauf des Baches gefolgt, als sich mächtige Felsen bis nah an das Ufer drängten und der noch tief stehenden Sonne den Einlass verwehrten. Der Bach schlängelte sich nun in vielen Windungen durch das moosbewachsene Gestein.

Hinter einer Flussbiegung entdeckte sie eine Bank, auf der ein alter Mann versonnen auf das schattige Wasser blickte. Ihr kleines Kätzchen – lag auf seinem Schoß und schnurrte zufrieden vor sich hin.

„Guten Morgen!", sagte der alte Mann.

„Das ist mein Kätzchen!", erwiderte Tara mit einer Mischung aus Erleichterung und Eifersucht. Sie kletterte zu dem Mann auf die Bank und nahm das Kätzchen in ihre Arme. Lange Zeit saßen sie still nebeneinander und schauten dem fröhlich glucksenden Bach hinterher.

„Was ist das?“, fragte Tara plötzlich, als die ersten Sonnenstrahlen über die stattlichen Felsen kletterten und auf das schmale Bachbett fielen.

Gold schimmernde Perlen stiegen aus dem Wasser empor und tanzten fröhlich auf seiner Oberfläche.

„Die Perlen der Sehnsucht“, antwortete der alte Mann gedankenverloren.

„Was ist das, die Perlen der Sehnsucht?“, wollte Tara wissen.

„Das ist eine lange Geschichte. – Möchtest du sie hören?“

„Au ja!“

„Es war einmal ein kleiner Bach ....“, begann der alte Mann nach einer Weile.

„... Er war sehr froh, ein kleiner Bach zu sein. Lange Zeit war er in einem dunklen Berg umhergeirrt und hatte sich durch hartes und weiches Gestein gegraben. Dann aber hatte er endlich einen Weg aus dem Berg gefunden und zum ersten Mal in seinem jungen Leben das Tageslicht erblickt.

Wie schön!, dachte er, als er aus einer Felswand hinausstürzte und als tosender Wasserfall dem Boden entgegen fiel. Das Licht der Sonne spiegelte sich in seinen Wassertröpfchen in allen Farben der Welt. Er war entzückt.

„Herzlich willkommen!“, schienen die Kiefern und Tannen, die am Berghang wuchsen, ihm zuzurufen.

Der kleine Bach suchte sich einen Weg durch die geheimnisvolle Landschaft der Berge. Er floss durch dichte Wälder und üppige Wiesen, auf denen bunte Blumen wuchsen. Viele Pflanzen schlichen ganz nah an ihn heran und fanden an seinem Bachbett eine behagliche Bleibe. Langohrige Hasen, müde Rehe und durstige Vögel kamen zu ihm, um sein klares Wasser zu trinken. Er genoss den fröhlichen Morgen, die warme Mittagssonne, den kühlen Abend und die Stille der Nacht, wenn sich die Sterne in ihm spiegelten. Der kleine Bach grüßte nach rechts und links. Es machte ihm Spaß, durch viele Kurven zu flitzen. Einfach geradeaus zu laufen fand er ziemlich langweilig.

Bald suchten viele Arten von Fischen in seinem Gewässer ein Zuhause. Halbschnabelhechte, Karpfen und bunt schimmernde Barschlachse tummelten sich im kühlen Nass, und muntere Forellen schwammen von Stein zu Stein.

Der kleine Bach mochte auch den Regen. Es kitzelte so schön, wenn die Tröpfchen auf ihn fielen. Regentropfen konnten außerdem die schönsten Geschichten erzählen, denn die meisten von ihnen waren schon weit umhergereist. Er liebte die Schneekristalle, die sich in ihm auflösten wie Zucker in einer Tasse Kaffee. Wenn die zerflossenen Schneeflocken dann weinten, tröstete sie der kleine Bach.

„Schnee ist doch nur eine schöne Verkleidung des Regens“, sagte er dann. „Und ich mag euch lieber, wenn ihr euch nicht hinter einer weißen Maske versteckt.“

Eines Mittags bekam er einen Freund. Es war ein ganz winziges Bächlein und wollte nicht mehr so alleine durch die Landschaft fließen.

Es dauerte lange, bis der kleine Bach die ersten Menschen sah. Ein Liebespaar saß an seinem Ufer und küsste sich zärtlich, als er leise murmelnd an ihnen vorbeischwamm. Sie kühlten ihre Füße in seinem erfrischenden Wasser. „Du bist aber ein schöner Bach!“, riefen sie ihm zu. Der kleine Bach wurde ganz verlegen und freute sich.

Auf den flachen Hügeln, die sich um ihn herum dem Himmel entgegenwölbten, grasten kleine Viehherden. Sie hoben neugierig ihre Köpfe und glotzten dem vorbeiströmenden Gewässer hinterher, während ihre Mäuler gewissenhaft vor sich hinkauten.

Bald floss er durch ein hübsches Dorf. Aus dem Unterholz seines Ufers wuchs eine Brücke hervor und spannte sich in schlankem Bogen hinüber zu den Häusern auf der anderen Seite. Ein Junge und ein Mädchen standen auf der Brücke und winkten ihm freundlich zu. Viele Kinder badeten an diesem heißen Sommertag in dem Bach, der durch ihr kleines Dorf floss. Der gutmütige Bach hatte nichts dagegen.

Wenn es ihnen Spaß macht, dachte er.

Ein paar Kinder aber warfen mit großen Steinen nach ihm. „Aua!", rief der Bach, doch die Kinder waren so mit ihrem Wurfspiel beschäftigt, dass sie ihn nicht hörten.

Auf seinem Weg nach Norden durchquerte er auch einen großen See. Immer mehr Dörfer und Städte kletterten an seinen Ufern empor. Die Menschen fuhren mit Segelschiffen und Kanus über ihn hinweg. Er ärgerte sich, wenn jemand eine Blechdose vom Schiff hinunterwarf, denn die Dosen waren ganz schön schwer. Am wenigsten aber mochte er die Motorboote. Die machten einen solchen Krach, dass er sich oft die Ohren zuhalten musste. Aus einer Öffnung unter dem Boot tropfte etwas heraus, das ihm ganz und gar nicht behagte. Sein Wasser wurde furchtbar schmierig davon, und die Fische beschwerten sich bei ihm.

Dann kam der Tag, an dem etwas Seltsames passierte. Aus einem unterirdischen Rohr strömte ein neuer Bach in ihn hinein. „Ich bin

das Abwasser", stellte er sich vor. „Mich haben die Menschen gemacht. Ich komme aus einer chemischen Fabrik."

„Du bist aber dreckig, und du stinkst. Ich will nicht, dass du mit mir fließt", empörte sich der Bach.

„Geht nicht", erwiderte das Abwasser vorwitzig. „Ich bin schon in dir drin. So schnell wirst du mich nicht mehr wieder los."

So leicht wollte der Bach sich nicht geschlagen geben. Doch als sich immer neue Abwässer zu ihm gesellten, gab er seinen Widerstand auf. Selbst der Regen war schmutzig und sauer geworden. Und des Nachts legten sich unheimliche Träume wie feuchter Nebel auf seine trüben Gedanken, aus denen er voller Angst erwachte.

Die Menschen begradigten auch sein Bachbett. Er konnte gar nicht mehr schwimmen, wohin er wollte. Alle schönen Kurven nahmen sie ihm weg. Der Bach ärgerte sich so sehr, dass er sich immer öfter wütend aufbäumte und über die Ufer trat. Die Menschen aber sahen nicht das Leid des Baches und sorgten sich bloß um ihre nass gewordenen Häuser. Aus Angst vor dem wütenden Bach beschlossen sie, eine hohe Schutzmauer zu bauen. Der Bach musste sich nun furchtbar anstrengen, um überhaupt noch etwas von der Welt zu sehen.

Was sollte er nur tun? Die Fische schlugen ihm vor, umzukehren und in die Welt der Berge zurückzuschwimmen. Doch dem Bach, der inzwischen ein breiter Fluss geworden war, gelang es nicht. Er konnte nur bergab strömen. *Schade,* dachte er.

Eines Tages wurden die Fische krank. „Was machst du nur mit uns?“, fragten sie ihren Fluss. Doch der Fluss fand keinen Ausweg, wie er seinen Fischen helfen konnte, wieder gesund zu werden.

Immer mehr tote Fische schwammen auf seiner graubraunen Oberfläche. Es wurde stiller und stiller in ihm. Kaum mehr ein Fisch sang noch ein Lied für ihn, und sogar die Regentropfen waren zu geschwächt, um noch lange Geschichten zu erzählen.

Auch der Fluss wurde sehr müde. Es gab Tage, an denen er kaum noch Luft bekam. Ob es wohl noch andere Flüsse gab, die so krank waren wie er? Er sehnte sich zurück in die saubere und klare Welt seiner Kindheit. Aber anstatt blühender Büsche und grüner Bäume standen nun Burgen aus Beton und übelriechende Fabriken an seinen Ufern. Es war das Letzte, was er sah, bevor er sein Augenlicht verlor. Ein Ölfilm legte sich über ihn und nahm ihm jede Sicht.

„Ich glaube, mir wird schlecht“, sagte der Fluss eines Morgens. Laut stöhnend kippte er um und versank in tiefe Bewusstlosigkeit.

In einem winzigen Dorf, durch das der noch junge und fröhliche Bach einst floss, lebten zwei kleine Kinder, ein Junge und ein Mädchen. Die beiden waren die besten Kameraden und liebten ihren kleinen Bach heiß und innig. Oft standen sie auf der Brücke, die sich wie ein Regenbogen über seinem Wasserlauf wölbte. Dann winkten sie dem Bach freundlich zu. Oder sie saßen an seinem Ufer und strichen sanft über seine kühle Oberfläche.

Einmal setzten sie eine schneeweiße Margeritenblüte auf das dahinströmende Wasser und beobachteten, wie sie hinter der nächsten Biegung verschwand.

„Wohin schwimmst du, kleine Blüte?“, dachte das Mädchen laut.

„Sollen wir nachschauen?“, schlug der Junge vor.

„Au ja!“

Sie überquerten die Brücke, bogen ab und folgten durch einen langen Weidengang dem Wasserlauf. Die Blüte war nicht mehr zu sehen. Bald betraten sie einen dichten Wald. Die Bäume standen zu beiden Seiten des Baches so eng zusammen, dass sie kaum weiter als einen Steinwurf sehen konnten. Doch die fröhliche Stimme des Baches erwies sich als ein zuverlässiger Wegbegleiter und führte die Kinder durch die mächtigen Baumsäulen des Waldes wie ein plappernder, lachender Zirkusclown.

Der kleine Fluss hatte eine sanfte Schlucht ausgewaschen, die in ein schmales Tal hinunterführte. Das Wasser verharrte für einen Moment in einem winzigen Tümpel, bevor es seinen Weg fortsetzte und glucksend und spritzend vor ihnen her ins Tal hinabströmte. Der wilde Bach sättigte nun die Waldluft mit feinem Dunst. Tausende von kleinen Wassertröpfchen hatten sich an die Zweige der Bäume geklammert und fielen hier und da fast lautlos auf den steilen Pfad, auf dem die Kinder in das Tal hinab kletterten.

Im Tal entdeckten sie einen smaragdgrünen See, in dem sich das Wasser des Flusses aufgestaut hatte. Viele Boote mit bunten Segeln glitten über die schimmernde Oberfläche. „Schau mal, wie schön!“, sagte das Mädchen.

Doch da bemerkten die beiden, wie aus einem der Segelboote etwas ins Wasser fiel. Als sie nahe genug herangekommen waren, erkannten sie eine rot bemalte Blechdose, die träge auf dem See hin- und herschaukelte.

„Warum hast du die Dose ins Wasser geworfen?“, rief das Mädchen empört zu dem Segelboot hinüber.

Ein junger Mann sah sprachlos auf.

„Vielleicht wollte der See die Dose gar nicht haben!“

„Mag schon sein, dass ihr Recht habt“, entgegnete der Mann gleichgültig.

„Ich hole sie wieder raus!“, sagte der Junge und sprang in den See.

Der junge Mann lächelte. Und es lag ein Hauch des Verstehens in seinem Blick.

Wenig später saßen die Kinder vergnügt auf dem grasbewachsenen Seeufer und genossen die wärmenden Strahlen der Nachmittagssonne.

„Unsere Blüte!“, rief das Mädchen plötzlich.

Eine weiße Blüte trieb langsam über den See.

Besonders eilig schien sie es nicht zu haben. Die Kinder schauten ihr hinterher, bis sie mit dem Fluss den grünen See verließ.

Unerwartet mischte sich ein unangenehmes Geräusch unter die Stille. Ein Motorboot rauschte mit rasender Geschwindigkeit heran und hinterließ eine tiefe Wunde auf dem ruhigen Wasser.

„Ist das aber laut", beschwerte sich der Junge, als das Boot immer näher kam, und hielt sich die Ohren zu. *Das konnte dem Fluss doch nicht gefallen,* dachte er. Das Motorboot wurde langsamer und hielt auf den hölzernen Bootssteg zu. So schnell sie konnten, rannten die Kinder zu dem Steg hinüber. Es stank noch immer nach Benzin, und auf dem Wasser war eine schmierige Ölspur zurückgeblieben.

„Warum hast du den Fluss nicht lieb?", fragte das Mädchen den braungebrannten dunkelhaarigen Mann vorwurfsvoll.

„Aber ich habe ihn doch gern", meinte er beruhigend und vertäute sein Motorboot am Steg.

„Nein, hast du nicht!", beharrte sie trotzig. „Sonst würdest du ihm nicht weh tun und nur aus Spaß mit deinem Motorboot auf ihm herumfahren."

„Na ja, so richtig liebhaben kann man einen Bach doch auch nicht", meinte der Mann, „Sicher, – ich mag den Fluss, weil ich mit meinem Motorboot auf ihm fahren kann. Das gefällt mir! Aber liebhaben? Das ist eine Sache der Menschen! Meine Frau und meine Kinder zum Beispiel – die liebe ich.“

„Aber mit dem Bach ist es genauso! Wenn du mit deinem Boot nicht einen solchen Krach machen würdest, könntest du ihn sogar singen hören.“

„Ein singender Bach?“, lachte der Mann. „Das glaube ich euch nicht!“

„Wetten?“

„Na gut“, sagte er, „schauen wir, ob ihr Recht habt.“ Aber natürlich glaubte er den Kindern nicht.

Die Kinder zogen den Kapitän bis zum Ende des Sees.

„Wie liebt man denn einen Bach?“, fragte der Mann unterwegs, nur um etwas zu sagen.

„Ich bin einfach nur froh, dass er da ist. – Sieh nur, wie schön er ist!“, sagte das Mädchen.

Der Fluss schoss ungestüm aus dem See heraus, als wollte er ihm mit Macht entfliehen. Doch ein anderer Teil von ihm floss auf der anderen Seite stetig in den See hinein, sodass der See vor dem Austrocknen keine Angst zu haben brauchte.

Sie setzten sich auf einen flachen Felsen und schauten in die weiße schäumende Gischt des Baches.

„Nun, wo ...“, begann der Mann.

„Psst!“, machte das Mädchen. „Hörst du nicht, wie der Bach für dich singt?“

Der Mann zog ein verständnisloses Gesicht, sagte aber nichts mehr. Lange Zeit hörte er nur das Rauschen des Baches. Doch dann war es ihm, als würde ein klagender Laut aus dem brodelnden Wasser emporsteigen, leise erst, doch dann immer lauter. Der Ton schien aus dem Norden zu kommen.

Schließlich bemerkte er eine liebliche Stimme, die sehnsüchtig von den fröhlichen Tagen der Kindheit sang. Der Mann traute seinen Ohren kaum. Dann wurde die Stimme etwas rauher und schluchzte vor Schmerz von übelriechenden Abwässern und kranken Fischen. Plötzlich brach das wehmütige Lied ab, als hätte es nie existiert. An seine Stelle drängelte sich eine erwartungsvolle, fröhliche Melodie eines aus einer Felswand hinausstürzenden Wasserfalls, die in seinem Herzen eine lange verschlossene Tür einen Spalt breit öffnete. Da bemerkte der Mann, wie unzählige goldene Perlen mit der tiefstehenden Sonne aus dem Bachbett emporstiegen, um vergnügt zum heiteren Lied des Baches auf- und abzutanzen.

„Hast du den Bach jetzt auch lieb?“, fragte das Mädchen hoffnungsvoll.

Der Mann nickte fast unmerklich, aber seine Augen verrieten, dass er es ernst meinte.

Am Abend erzählte der Mann seiner Frau von dem singenden Bach.

Seine Frau erzählte es ihrer Nachbarin. Die erzählte es ihrem Sohn. Der erzählte es seinen Arbeitskollegen. Und die Arbeitskollegen erzählten es ihren Freunden und Kindern. Es dauerte nicht lange, bis auch die Bürgermeister und die Fabrikbesitzer von dem liebevoll singenden Bach erfuhren ...

Eines Tages erwachte der große Fluss aus seiner Bewusstlosigkeit. Als er nach oben schaute, bemerkte er eine schneeweiße Margeritenblüte, die mit ihm dem Meer entgegenschwamm. Der Fluss freute sich über das kleine Geschenk, das ihn an seine Kindheit erinnerte. Die Ölschicht, die ihm sein Augenlicht genommen hatte, war beinahe verschwunden, und eine Vielzahl fröhlicher Fische hatte wieder ein Zuhause in ihm gefunden.

Und wenn er nicht gerade durch große Städte floss, ließen ihm die Menschen sogar wie früher die Freiheit, zu wählen, woher er fließen wollte.

Ob sie ihn doch ein wenig lieb hatten, die Menschen?»

Tara blickte nachdenklich auf das Wasser.

„Hast du dich erkannt?", fragte der alte Mann nach einer Weile.

Tara sah ihn verständnislos an. Was sollte sie

denn mit der Geschichte zu tun haben?

„Auch du hast in der Geschichte mitgespielt."

„War ich das kleine Mädchen?", riet sie.

„Vielleicht", antwortete der alte Mann. „Wahrscheinlich hast du nur die eine Geschichte gehört, die an der Oberfläche vorüber strömte. Und sie hat auf ihre Weise ihren Sinn. Aber gleichzeitig war da noch eine andere Geschichte – etwas versteckt, die du vielleicht nicht bemerkt hast."

„Was?", stammelte Tara verwirrt.

„Es war auch die Geschichte deines Lebens oder zumindest ein Teil davon", sagte der Mann.

Tara verstand noch immer nicht.

„Es war deine Geschichte, – denn der kleine Bach bist auch du, der fröhliche Bach, der mit offenen Augen die Welt entdeckt, geliebt und voller Vertrauen", erklärte er. „Doch eines Tages wird sich die fröhliche Welt an deinen Ufern verändern, – dich verändern. Du wirst Menschen begegnen, die dich enttäuschen, Menschen, die dich verletzen und wie eine rote Blechdose mit dir schwimmen. Du wirst Menschen kennenlernen, die dich nicht mögen. Vorurteile werden dich begleiten – ohne zu fragen, ob sie mit dir fließen dürfen. Du wirst Menschen treffen, die dich in eine bestimmte Richtung stoßen wollen, Menschen, die dir verbieten, deine Gefühle zu zeigen, Menschen, die dir deine Natürlichkeit und deine Persönlichkeit wegnehmen, weil sie ihnen im Wege stehen. Viele werden sich hinter einer Maske vor dir verbergen – wie die Schneekristalle. Und es wird Tage geben, an denen du dich sehr einsam fühlst, Tage, an denen die Perlen der Sehnsucht sich in deinen Wassern spiegeln. Immer höher und höher werden die Mauern an deinen Ufern wachsen und dir die Sicht auf das Leben nehmen, das du liebst. Vielleicht wirst du dich trotzig aufbäumen und über deine Ufer treten. Vielleicht aber wirst du auch einfach zusehen, wie sich immer mehr schmieriges Öl auf dich legt. Vielleicht wirst du dich einfach nur noch traurig treiben lassen, ohne eigene Kraft, ohne eigenen Willen.

Vielleicht wirst du dich fragen, ob du dich, dein Leben überhaupt noch liebst. Glaube mir, es ist manchmal schwer, das Leben so richtig zu lieben. Erinnerst du dich an den Mann, der nicht wusste, ob man einen kleinen Bach lieben konnte und ihn deshalb nur als Spielzeug benutzte?"

Tara nickte.

„Ich wünsche dir einen Menschen, der dich lieb hat – so wie du bist. Vielleicht entdeckst du ihn auch in dir selbst, in deinem Herzen. Ich wünsche dir einen Menschen, der dir die Melodie des Lebens zeigt, das Lied des Lebens, das immer mit dir fließt. Und wenn du genau hinhörst, wirst du etwas entdecken, etwas, das die Menschen Liebe nennen: die Liebe zu dir selbst. Und dann, erst dann wird es dir gelingen, vielleicht auch ein Stück davon an die Welt zu verschenken. Du wirst wieder du selbst sein – mit deinen eigenen Ecken und Kanten, in denen du dich wohlfühlst. Denn zum Leben gehört auch ein Stück Freiheit – wie das Wasser zum Fluss. Vielleicht wirst du auch die kleine Margeritenblüte entdecken, die dir geschenkt wurde. Denn weißt du – das Leben ist voller kleiner Geschenke.

Wenn du nicht alles verstanden hast, so ist das nicht von Bedeutung. Denn eines Tages wirst du verstehen. Und dann, dann wirst du dich an mich erinnern."

Tara strich ihrem Kätzchen nachdenklich über das warme Fell.

„Spielst du auch in der Geschichte mit?", fragte sie.

Da lachte der alte Mann, und seine Augen strahlten voller Liebe.

Verbotene Zonen

In einem verborgenen Winkel der Erde lebte einst die Maulwurfsfrau Britannia. Sie war nicht irgendeine Maulwurfsfrau. Nein, so war es nicht. Ihre männlichen Artgenossen warfen ihr heimlich bewundernde Blicke zu, denn sie war eine Maulwurfsfrau der bezaubernsten Sorte. Ihre Augen schimmerten wie ein Juwel und manch einer hatte schon von ihrer atemberaubenden Schönheit berichtet.

Doch es war lange her, seit Britannia zuletzt gesehen wurde. Denn sie hatte sich mit ihrem Maulwurfsgefährten in die tiefsten Tiefen der Erde zurückgezogen.

Hier würden sie ein sicheres und geborgenes Zuhause finden, hatte er ihr versprochen. Abend für Abend und Morgen für Morgen verspeisten sie gemeinsam Regenwürmer der besten Sorte und andere appetitliche Dinge. Sie war sehr verliebt, und es war eine schöne Zeit. Nach und nach aber gewöhnte sie sich daran, stets das zu mögen, was ihr Maulwurfsgefährte mochte, vergaß ihre Freunde und schließlich sogar sich selbst.

Eines Morgens erwachte sie und erinnerte sich an etwas, das ihr immer sehr wichtig gewesen war. Für eine Weile hatte sie es schlichtweg vergessen, doch nun wollte es nicht mehr im Verborgenen bleiben.

Ihr Maulwurfsgefährte verstand nicht, was ihr fehlte. Sie habe doch ein schönes Leben und alles, was sie brauche.

Ihr Herz aber sehnte sich nach mehr; etwas, ja etwas, das ihr der Maulwurfsgefährte nicht geben konnte – oder wollte. So kam es, dass sie für einen Moment mit dem Gedanken spielte, zu ihrem verlassenen Maulwurfshügel zurückzukehren. Doch was, wenn sie sich verlaufen und den Ausgang nicht mehr wiederfinden würde, den sie mit eigenen Pfoten zugeschüttet hatte?

Irgendwo im Dunkel des Ganges hörte sie das beruhigende Scharren ihres Maulwurfsgefährten. Und so siegte einstweilen ihr Bedürfnis nach Sicherheit und bequemer Gewohnheit.

Nun lebte in der großen weiten Welt der flinke Maulwurf Francesco. Er wühlte sich mit großer Leidenschaft und erstaunlicher Maulwurfsgeschwindigkeit rein beruflich durch die Welt der Regenwürmer und Larven. Regenwürmer und Larven ließen sich nämlich risikolos versichern. Und nachdem er ihre Versicherungsprämie kassiert hatte, fraß er sie einfach auf. Man musste ja schließlich irgendwie überleben, fand er. Da blieb natürlich keine Zeit für private Gefühle.

Eines Tages aber geschah es, dass er vergessen hatte, seine privaten Ohren während eines solchen beruflichen Streifzuges zu verschließen. Und ausgerechnet an diesem Tag erhielt er eine ganz und gar nicht berufliche E-Mail. Allen, die nun verzweifelt nach einer deutschen Übersetzung dieses Begriffes suchen, sei geholfen. Am besten würde man wohl von Erdpost (abgekürzt: E-Post) sprechen, denn genauso wurde die Maulwurfspost am schnellsten transportiert, eben durch die unendlichen Gänge und Kammern der Erde. Natürlich gab es auch eine überirdische Maulwurfspost, doch die war erheblich langsamer als die moderne Erdpost.

Lange Zeit überlegte Francesco hin und her, ob die E-Mail nun an ihn gerichtet war – oder vielmehr, ob er wollte, dass sie an ihn gerichtet war oder nicht. Denn der Brief kam aus einer Tiefe, in der er sich nicht mehr auskannte. Schließlich aber entschloss er sich, die Absenderin des Briefes ausfindig zu machen.

Er buddelte sich mit seinen Schaufelpfoten in die Erde, weiter und weiter, bis er plötzlich auf einen Hohlraum stieß. Noch niemals zuvor war er so weit in das Erdreich hinabgetaucht.

Es dauerte eine Weile, bis er erkannte, dass er in ein unbekanntes Gangsystem eingedrungen war.

Ein lauter Ruf hallte durch die fremden Gänge und bohrte sich in sein Herz.

Normalerweise schaufelte er stets seine

eigenen Gänge. Doch wenn er die Maulwurfsfrau wirklich finden wollte, war es wohl besser, wenn er die bereits vorhandenen Wege benutzte.

Bald aber erreichte er ein großes Schild.

„Verbotene Zone", las er, doch genau dorthin musste er wohl. Er zögerte, aber als er erneut die von Sehnsucht erfüllte Stimme hörte, beschloss er, die verbotene Zone zu betreten. *Vielleicht hatte sie das Schild nur als Schutz vor ungebetenen Gästen aufgestellt,* überlegte er.

Nach einer Weile kam er an eine verschlossene Tür.

So gründlich er auch suchte: Er fand keinen Schlüssel, mit dem er sie öffnen konnte. Wusste die Maulwurfsfrau überhaupt, was sie wollte? Oder spielte sie nur mit ihm?

Ob ihm nun seine Ausdauer oder sein Maulwurfsinstinkt geholfen hatten, spielte keine Rolle mehr, als das Türschloß schließlich aufsprang. Ein kleiner Igel, der hinter der Tür geschlafen hatte, rollte sich erschrocken zu einer stacheligen Kugel zusammen.

Francesco nahm Anlauf und sprang über die ängstliche Stachelkugel hinweg – er war schließlich ein sportlicher Maulwurf. Kaum aber war er ein paar Schritte gegangen, stieß er vor eine zweite Tür. Vergebens suchte er nach einer Klinke und schickte ein verzweifeltes Erdtelegramm in die Tiefe.

Die Antwort verriet ihm, wie auch die zweite Tür zu öffnen war. Dieses Mal lag kein erschrockener Igel vor seinen Füßen. Dafür fand er ein Buch, auf dem sich eine dicke Staubschicht niedergelassen hatte. Doch hinter dem Buchdeckel versteckten sich weder nützliche Versicherungstricks noch ein spannender Kriminalroman, sondern einfach nur zerrissene Seiten, die mit einer liebenswerten Pfotenschrift gefüllt waren. Neugierig versuchte er, die zerrissenen Seiten wieder zusammenzufügen, aber es gelang ihm nicht.

So eilte Francesco von Tür zu Tür. Es waren die Türen der Enttäuschungen, der Angst vor Verletzlichkeit, der vernachlässigten Wünsche, der Gewohnheiten und der Zweifel. Einmal stolperte er über einen Traum, der wie vergessen auf dem Boden des Ganges lag und schnitt sich an den Scherben eines zerbrochenen Herzens.

In welchen verborgenen Winkel hatte die Maulwurfsfrau sich nur zurückgezogen?

Britannia erschrak, als sie plötzlich ein leises Geräusch hörte. Sie trat vor die Tür ihrer dunklen Wohnung und horchte in den Gang hinein. Es waren längst vergessene Laute, die durch das Dunkel hallten. Da war jemand, noch weit entfernt, doch die Laute rückten näher und näher. Ob sie mit dem Erdtelegramm zu tun hatten, das sie bekommen hatte?

Ihr kleines Maulwurfsherz begann laut zu klopfen, als sie den Lauten entgegentapste.

So kam es, dass die beiden sich schließlich tatsächlich fanden und beschlossen, sich gemeinsam zum Licht emporzugraben.

Sie schaufelten und schaufelten, gruben und gruben, wühlten und wühlten, bis sie zu guter Letzt glücklich auf einem hohen Maulwurfshügel saßen und in die untergehende Sonne blickten, die am Horizont wie eine rote Johannisbeertorte verharrte.

„Ich hab´ dich lieb“, murmelte Britannia.

Da griff Francesco nach ihrer Pfote und streichelte sie zärtlich.

Die Johannisbeertorte versank langsam hinter der Maulwurfswiese. Und bald verriet nur noch eine Handvoll rosa Sahnewölkchen die himmlische Kalorienbombe.

Verloren im Labyrinth der Zeit

„Darf ich auf deinem Schoß sitzen?“, bettelte der kleine Junge.

Sein Großvater nickte gutmütig.

Der Junge liebte es, bei seinem Großvater zu sein, denn auf jede seiner Fragen wusste er eine wunderbare Geschichte zu erzählen.

„Großvater?“

„Ja?“

„Mama sagt immer, sie hat keine Zeit, wenn ich mit ihr spielen will. Aber – was ist eigentlich die Zeit?“

Großvater nickte und dachte darüber nach, ob er eine Geschichte über die Zeit kannte.

„Nun“, begann er schließlich, „In ferner Vergangenheit, lange bevor du geboren wurdest, fing die Erde an, sich mit einem Mal schneller und schneller zu drehen. Die Tage und Nächte wurden kürzer und kürzer. Zumindest schien es den Menschen so. Denn sie strebten danach, immer mehr in immer weniger Zeit erreichen zu wollen. Daher bemerkten sie nicht, dass sie selbst es waren, die die Zeit vorantrieben, wie ein Kutscher seine Pferde. In dieser Zeit lebte ein Mann mit dem Namen Silas. Ich will dir nun von dem Tag erzählen, als Silas seine Zeit verlor....

.... Es war bereits dunkel, als Silas die Tür zu seiner Wohnung öffnete. Schon seit geraumer Zeit beschlich ihn das unangenehme Gefühl, als verfolgte ihn jemand. Verstohlen wagte er einen Blick über seine Schulter, bevor er in das Chaos seiner unaufgeräumten kleinen Wohnung eintauchte. Nichts! Da lag nur ein weiterer langer und anstrengender Tag hinter ihm, dessen quälende Gegenwart allmählich mit dem strömenden Regen im Erdboden versickerte. Den ganzen Tag schon versteckte sich die Sonne hinter einer dicken Wolkenwand, während sein Vorgesetzter ihn zu immer neuen Höchstleistungen getrieben hatte. Silas war müde und hungrig. Seit dem Frühstück hatte er nichts mehr gegessen, doch der Blick in seine Vorratskammer verhieß nichts Gutes. Eine Reihe leerer Regale starrte ihm mit einer unbestimmten Mischung aus Mitleid und Schadenfreude entgegen. Seine goldene Armbanduhr zeigte halb acht, während der Sekundenzeiger wie ein unschlagbarer Dauerläufer unaufhörlich seine Runden drehte. Nur noch eine halbe Stunde Zeit zum Einkaufen. Hastig zog er die regennassen Schuhe wieder an und rannte wie eine Maus auf der Flucht vor einer fauchenden Katze durch die hell erleuchteten Straßen der Stadt, bis er plötzlich verdutzt innehielt.

Hier war doch noch nie ein Geschäft gewesen. Er stand vor einem Schaufenster, auf das jemand mit großen Buchstaben „LEBENSMITTEL“ geschrieben hatte. Bis zum Supermarkt würde es noch eine Weile dauern, überlegte er, und seine Füße waren schließlich schon nass genug. Also beschloss er, seine leeren Regale nicht länger als notwendig warten zu lassen. Lebensmittel waren schließlich Lebensmittel.

Als er in den Laden trat, schreckte er ein kleines Glöckchen aus dem Schlaf, das an der Eingangstür befestigt war. Der Verkaufsraum wirkte ein wenig wie ein antikes Museumsstück, fast als ob er zufällig aus einer anderen Zeit übriggeblieben war. Zwei verstaubte Petroleumlampen warfen ihr trübes Licht auf eine Reihe von Holzregalen, in denen sich Äpfel, Birnen, Kohlköpfe, Möhren, Brot, Kuchen, Kartoffeln und Reis stapelten. Die Luft war erfüllt von einem Gemisch aus Thymian, Zimt, Rosmarin und wohlriechenden Nelken. Im beschlagenen Fenster hingen wie Kirchenglocken duftende braune Zwiebeln, und auf dem Boden standen schwere Fässer mit eingelegten Gurken.

Silas schaufelte gerade aus einem großen Sack Mehl in seinen Beutel, als plötzlich das trübe Licht erlosch. Einfach so. Erschrocken ließ Silas die Mehlschaufel fallen. Es war so dunkel, dass er seine eigene Hand nicht mehr vor Augen sah.

Kein Laut regte sich. Es war, als hielten alle

Personen im Raum den Atem an.

Ein Stromausfall, nichts weiter! Doch dann erinnerte er sich, dass es in diesem Laden vermutlich gar keinen Strom gab! Petroleumlampen brauchten keinen Strom!

Etwas stimmte hier nicht. Ein kalter Windstoß streifte seinen Nacken. Ihn beschlich das nagende Gefühl, dass sich irgend etwas verändert hatte, aber er konnte nicht genau sagen, was es war. „Sei kein Angsthase!", ermahnte er sich selbst. „Es konnte doch nicht besonders schwer sein, den Ausgang zu finden. Was konnte schon passieren?" Vorsichtig setzte er einen Fuß vor den anderen.

Und dann ging alles ganz schnell.

Plötzlich fanden seine Füße keinen Halt mehr.

Ihm war, als sinke er mit atemberaubender Geschwindigkeit in die erdrückende Tiefe eines Ozeans hinab.

„Nein!!!", schrie er verzweifelt. „Nein!"

Nach einer Weile aber wurde ihm bewusst, dass die Geschwindigkeit, mit der er fiel, nicht mehr zunahm. Im Gegenteil, er hatte das Gefühl, immer langsamer und langsamer zu fallen.

Und dann landete er wie in Zeitlupe auf dem Boden eines großen Raumes.

Kein harter Aufprall, kein Schmerz. Irgend etwas stimmte nicht. Etwas war anders.

Er machte einen Schritt vorwärts. Seine Beine waren nicht schwerer als sonst, doch seine Bewegungen erschienen ihm so langsam wie die einer kriechenden Weinbergschnecke. *Als ob die Zeit zähflüssiger geworden wäre,* dachte er entsetzt.

Nur ein Traum, versuchte er sich zu beruhigen. Eine andere Erklärung fand er nicht.

In dem Raum hing ein großer Spiegel. Silas blickte in das Gesicht eines vierzigjährigen Mannes. Erste graue Strähnen hatten sich in sein dunkelbraunes Haar geschlichen.

„Wo bin ich?“, fragte er sein Spiegelbild, ohne eine Antwort zu erwarten.

„Du befindest dich im Labyrinth der Zeit!“, erwiderte eine breiig tönende Stimme aus dem Nichts.

Erschrocken wich Silas zurück.

„Wo – wo bist du?“, fragte er ängstlich.

„Hinter dir, nein, vor dir, über dir, und wenn du möchtest auch unter dir. Doch du kannst mich nicht sehen.“

„Aber das ...“

„Du hast deine Zeit verloren“, unterbrach ihn die Stimme.

„Ich habe was ...?“

„Deine Zeit verloren! – Es liegt an dir, sie wiederzufinden. – In der Zwischenzeit aber wirst du ein wenig mit mir spielen.“

Ein Spiel? Silas hoffte, dass das ganze nur ein böser Traum war. Wahrscheinlich würde er

gleich aufwachen. Ja – er würde in seinem warmen Bett liegen und sich auf das Frühstück freuen.

„Was für ein Spiel?“, fragte Silas.

„Ich werde dir ein Rätsel aufgeben. Es wird dir helfen, den Weg zurück in deine Zeit zu entdecken.“ Die Stimme hielt inne.

„Woher kommt die Zeit?“

Die Worte erblühten wie ein Echo in diesem seltsamen Raum und verwelkten wieder.

Silas zuckte ratlos mit den Schultern. – Darüber hatte er noch nie nachgedacht.

Neben dem Spiegel öffnete sich fast lautlos eine bis dahin verborgene Tür, hinter der sich ein weiterer Raum befand. Aus diesem Raum tönte das gleichmäßige Ticken einer Uhr. „Tick Tack, Tick Tack, Tick Tack“, doch gleichzeitig hörte er eine leise Stimme: „Komm Silas, komm!“

Als er sich aber der Tür näherte, merkte er mit Entsetzen, dass er schrumpfte. Er wollte umkehren, aber eine unsichtbare Hand trieb ihn erbarmungslos voran.

Mit jedem Schritt wurde er kleiner und kleiner, Zentimeter um Zentimeter.

Fassungslos wurde ihm bewusst, dass er nichts weiter war als eine willenlose Spielfigur – in einem Spiel, dessen Regeln er nicht kannte.

Eine große unsichtbare Hand hob ihn wie zur Bestätigung auf.

„Wach auf, Silas. Wach auf!", schrie eine angstvolle Stimme in seinem Kopf, aber sie klang nur gedämpft, als sei sein Kopf mit Daunenkissen gepolstert. Wann war dieser Traum nur endlich vorbei? Die Hand öffnete den Deckel einer alten Standuhr und stellte Silas in eine fremde Welt.

Wenn er überhaupt etwas erwartet hatte, dann waren es wohl eine Vielzahl von Zahnrädern und kleinen Schräubchen. Was sonst? Doch stattdessen stand er auf einem schmalen Pfad, der durch einen sattgrünen Buchenhain führte. Ungläubig rieb er sich die Augen. Ein Wald in einer Standuhr, das war doch einfach lächerlich. Was für ein merkwürdiger Traum!

Die untergehende Sonne tauchte eine Bergkette am Horizont in rosafarbenes Licht. Im Wald duftete es nach reifen Erdbeeren. Konnte man den Duft von Erdbeeren riechen, wenn man träumte?

Gab es am Ende überhaupt keinen Traum, aus dem er erwachen konnte?

Silas folgte dem Weg, der sich wie ein Bach durch den Wald schlängelte. So kam er schließlich in eine kleine Stadt, die auf einem Hügel lag. Von weitem wirkten ihre Häuser wie riesige Baumkronen: Alle Gebäude der Stadt waren mit grünem Efeu berankt, und auf jedem Balkon blühten herrliche Blumen in allen Farben. Vor einem Fenster aber ließen die Blumen ihre kleinen Köpfe hängen und sahen sehr traurig aus. Ein alter Mann sah aus dem Fenster und winkte ihm zu.

Ob der alte Mann ihm helfen konnte, das Rätsel zu lösen, das die Stimme ihm gestellt hatte?

Die Tür stand offen. Der Alte saß auf einem Stuhl. Falten überdeckten sein Gesicht, doch in seinen Augen bemerkte Silas einen strahlenden Schimmer – ein lebendiger Glanz, der nicht zu altern schien.

„Guten Tag“, rief Silas. „Ich ... äh ... ich habe etwas verloren. Könnt ihr mir helfen, es wiederzufinden?“

„Schaut mich an. Ich bin alt und schwach geworden, zu schwach sogar, um meinen Blumen noch Wasser zu geben.“

„Aber ... äh ... ich habe meine Zeit verloren“, stammelte Silas und versuchte an den Augen des alten Mannes abzulesen, ob er ihm wohl Glauben schenkte.

„Nun, dann will ich Euch nicht aufhalten.“ Der Alte wandte sich ab und strich über die welken Blätter seiner Blumen. „Der junge Mann hat keine Zeit für euch. – Er hat sie verloren ... Ich kann nicht mehr für euch sorgen, doch meine Liebe, die will ich euch schenken.“

Silas sah verlegen zu Boden. „Gut, gut, ich will Euren Blumen Wasser geben. Aber bitte verratet mir, wo ich bin.“

„Das wisst Ihr nicht? In Grünweiler!“

„Also – nicht irgendwo in einer alten Uhr?“

Der alte Mann lachte. „Wie kommt Ihr denn darauf?“

Silas erzählte ihm von seinem Sturz in das Labyrinth der Zeit.

„Ein Labyrinth der Zeit ...“, grübelte der alte Mann. „Auf welchem Weg seid Ihr nach Grünweiler gekommen?“

„Der Weg dort im Osten hat mich hierher geführt.“

Der alte Mann schaute ihn verdutzt an. „Diesen Weg ist schon lange keiner mehr gegangen. In der Stadt sagt man, es sei einer der Wege, die nach Nirgendwo führen. – Es gab einmal eine Zeit, als sich drei mutige junge Männer aufmachten, um herauszufinden, wohin dieser Weg führen würde. Aber keiner hat den Weg zurück in unsere Stadt gefunden. Aus Grünweiler führt nur eine Straße heraus, dort im Westen. Nach einem Tagesmarsch erreicht Ihr die Stadt der Erinnerung."

Immer noch konnte Silas kaum glauben, dass er der Zeit hinterherlief. Stets hatte sie ihn begleitet wie sein Herzschlag. Und nun sollte sie ihn verlassen haben? Zumindest aber lag Grünweiler in einer Welt, die nicht die seine war. Und wenn der alte Mann recht hatte, lag zwischen dieser Welt und seiner Welt das Nirgendwo.

„Wisst Ihr, woher die Zeit kommt?"

„Woher die Zeit kommt?"

„Ja."

„Die Zeit ... die Zeit war schon immer da, soweit ich zurückdenken kann."

„Aber irgendwoher muss die Zeit doch gekommen sein!"

„Könnt Ihr Euch vorstellen, dass es jemals eine Welt gab, in der es keine Zeit gegeben hat?"

Silas schüttelte den Kopf.

Auf dem Balkon stand eine große Gießkanne. Während er die vertrockneten Blumen goss, erzählte ihm der alte Mann von den Menschen in Grünweiler.

Silas bemerkte, dass er beim Sturz in das Labyrinth der Zeit seine eigene Uhr verloren haben musste. „Wieviel Uhr ist es?", unterbrach Silas den alten Mann.

Der blickte erstaunt auf, und es sah aus, als versuche er sich an etwas zu erinnern.

„Es soll einst eine Zeit gegeben haben, in der es Uhren gab", antwortete er endlich. „Jedermann verließ sich auf die Zeit, die die Uhren anzeigten. Eines Tages aber begannen die Uhren, unterschiedlich schnell zu laufen. Keiner wusste mehr, auf welche Uhr er sich verlassen sollte. Man diskutierte lange darüber, ob Zeit wirklich messbar sei. Es entstand ein großer Streit darüber, wer denn nun Recht hatte. Am Ende wurden die Uhren in den Keller des Rathauses eingeschlossen, aus dem sie eines Tages angeblich gestohlen wurden."

„Ich sollte jetzt besser gehen", sagte Silas, nachdem er alle Blumen gegossen hatte. „Vielleicht gibt es in der Stadt der Erinnerung jemanden, der weiß, woher die Zeit einst kam."

„Gebt auf Euch acht", ermahnte ihn der alte Mann, „denn man sagt, die Straße, die in diese Stadt führt, sei voller Tücken."

Silas verabschiedete sich von dem alten Mann. An der Tür schaute er sich noch einmal um. Die kleinen Köpfe der Blumen hatten sich wieder aufgerichtet und blickten ihm dankbar nach.

Ab und zu wirbelte ein Windstoß den Staub auf, der die Straße bedeckte, und trug ihn ein Stück vor sich her. Seit Stunden schon wanderte Silas auf der Straße der Erinnerung. Zu beiden Seiten des Weges lag menschenleere Einöde, nichts, an dem seine Augen Halt finden konnten. Die trostlose Umgebung begleitete ihn, als ob sie an seinen Schuhen kleben würde.

Mit einem Mal jedoch tauchten verschwommene Bilder vor ihm auf und tänzelten herausfordernd auf und ab. Doch jedesmal, wenn er glaubte, sie erreicht zu haben, zerflossen sie wie Butter in einer heißen Pfanne. Manchmal standen sie auf dem Kopf, so als versuchten sie ihn zu narren. Dann wurden die Bilder klarer. Er erkannte schon fast vergessene Freunde, die ihm zuwinkten. Alte Namen, die ihm längst entfallen waren, fielen ihm wieder ein. In einigen Bildern sah er sich selbst – wie in einem Spiegel. Bekannte Landschaften und Erlebnisse seiner Kindheit entstanden genauso schnell wie sie wieder verschwanden.

Die Bilder vor seinen Augen überlagerten sich und wurden größer und größer. Plötzlich sah er ein Bild, das ihm Angst machte. Silas schloss die Augen, doch das Bild verschwand nicht. Im Gegenteil: es verdoppelte sich zu seinem Entsetzen. Das Doppel teilte sich abermals. Und dann – waren sie überall. Ganz langsam rückten sie immer näher an ihn heran, als wollten sie in ihn eindringen. Silas begann zu schreien ...

Sein eigener Schrei hatte ihn geweckt. Er wusste nicht, wie lange er schon hier lag. Wie war er überhaupt hier hergekommen? Silas stand auf. Alle Knochen taten ihm weh. Da bemerkte er erstaunt, dass neben ihm ein

Mädchen im Gras saß.

„Du hast aber lange geschlafen", sagte sie.

Er blickte das Mädchen verwundert an.

„Drei Tage und drei Nächte!"

„Aber das ist doch völlig unmöglich", entgegnete er verwirrt. Es schien ihm, als sei seine verlorene Zeit von hinten an ihn herangeschlichen, habe ihn unbemerkt überholt und sei ohne ihn weiter gewandert, während er seinen Erinnerungen nachhing. Eine bessere Erklärung fand er nicht.

„Der König wartet auf dich", sagte das Mädchen.

„Auf mich? Welcher König? – Wer bist du überhaupt?"

„Ich bin Carla." Das Mädchen zog ihn zu einem Brunnen am Ende der Wiese. „Der König der Bewegungslosigkeit hat mir aufgetragen, dich zu ihm zu schicken. Trink, du hast sicher Durst!"

Als er das glasklare Wasser aus dem Brunnen sprudeln sah, verspürte er ein übermächtiges Durstgefühl und schöpfte das Wasser mit beiden Händen aus dem Brunnen.

Schnell war sein Durst gelöscht. Doch plötzlich kroch ein sonderbares Gefühl an seinen Beinen empor, wie eine Schlange, die sich um seinen Körper wickelte. Fassungslos bemerkte er, dass er seine Beine nicht mehr vom Boden lösen konnte. Er versuchte, seine Arme zu heben, aber sie waren wie versteinert. Jeder Muskel in ihm schien zu Fels erstarrt zu sein.

Dann – sah Silas das schemenhafte Bild einer Gestalt.

„Sei gegrüßt in der Welt der Bewegungslosigkeit, in der die Zeit noch keinen Zugang gefunden hat. Mein Reich ist ein Ort der Stille. Denn die Zeit ist es, die Unfrieden, Sorgen und Nöte mit sich bringt."

Silas wollte etwas fragen, doch sein Mund öffnete sich nicht.

„Genieße mein Reich der Bewegungslosigkeit, wo der Moment verharrt und die Gedanken erstarren. Genieße es, junger Freund. Genieße es, solange dich nicht die Berührung eines Menschen aus meinem Reich verbannt."

Silas konnte weder nicken noch etwas sagen.

Elvina blickte sich verwirrt um. „Hier muss es doch gewesen sein....."

Der warme Wind spielte mit ihrem blonden Haar.

Ja – hier war der Weg gewesen, der zu ihrem geheimen Versteck geführt hatte. Nur sie und ihre Freundin Arela kannten diesen Platz. Dort hatten sie kleine Eichhörnchen mit Haselnüssen gefüttert, waren auf den Bäumen herumgeklettert, hatten den Vögeln beim Nestbau zugeschaut oder hatten sich lustige Geschichten erzählt. Sehnsüchtig dachte Elvina an diese schönen Stunden ihrer Kindheit.

Inzwischen war Elvina erwachsen geworden. Und alles hatte sich verändert seit damals. Arela war verheiratet und wohnte in einer fremden Stadt. Die Bäume waren in die Höhe geschossen, und der verborgene Pfad war zugewuchert. Wie hatte sie nur glauben können, dass alles so sein würde wie früher? Aber hier musste der Pfad gewesen sein. – Genau hier.

Also schlug sich Elvina auf der Suche nach alten Erinnerungen durch das dichte Unterholz. Doch ihr Versteck gab es nicht mehr. Stattdessen – stieß sie auf eine große Wiese bedeckt mit grünem Klee und weißen Gänseblümchen. Eine Lichtung, die es damals noch nicht gab.

„Nichts, nichts mehr ist so wie früher", murmelte sie enttäuscht.

Kleine Apfelbäume standen auf der Blumenwiese in voller Blüte.

Zwischen zwei Bäumen bemerkte sie eine reglose Gestalt. Auf dem Kopf saßen zwei Spatzen, die ängstlich davonflogen, als sie Elvina erspähten.

Neugierig näherte sie sich der Gestalt. Als sie nur noch wenige Schritte entfernt war, erkannte sie die Statue eines Mannes.

Der Mann aus Stein gefiel ihr. Ob sie ihn berühren sollte? Verstohlen blickte sie sich um, als könnte sie jemand beobachten. Dann streckte sie vorsichtig eine Hand nach ihm aus und berührte seinen Arm. Er fühlte sich hart und kalt an, und doch war es ihr, als wäre die Statue auf ihre Weise lebendig.

Erschrocken wich Elvina zurück, als schlagartig die Kälte des Steins lebendiger Wärme wich. Ungläubig starrte sie den Mann an, der sich plötzlich bewegte und sie mit seinen graublauen Augen dankbar anblickte.

„Wer - wer bist du?", fragte er mit heiserer Stimme.

„Elvina", erwidert sie ängstlich. „Und - und du?"

„Ich? - Ich bin Silas." Es war wunderbar, wieder sprechen zu können. Er spürte, wie das Leben in seinen erstarrten Körper zurückkehrte.

„Warum bist du zu Stein geworden?"

Silas erzählte ihr von der Stadt der Erinnerung, in der er nie angekommen war, vom König der Bewegungslosigkeit und von seinem Sturz in das Labyrinth der Zeit. „Und wie bist du in dieses Labyrinth gekommen?", fragte er dann.

Elvina warf ihm einen unsicheren Blick zu. „Wieso Labyrinth? Hier ist doch alles ganz normal. Natürlich, es sieht nicht mehr so aus wie früher. Ich habe einen alten Pfad gesucht, nichts weiter. Und ein paar Schritte von hier ist ein kleines Dorf, in dem ich aufgewachsen bin. - Hast du Hunger?"

Und ob er Hunger hatte!

„Im Dorf gibt es einen Gasthof. Also, wenn du mitkommen möchtest ...“

Elvina führte ihn durch dichtes Gestrüpp und versuchte, die Spuren, die sie auf der Suche nach ihrem alten Versteck hinterlassen hatte, wiederzufinden. *Doch es gab keine Spuren mehr, als ob die Verletzungen des Waldes, die sie ihm mit ihren Füßen zugefügt hatte, in Minutenschnelle verheilt wären*, dachte sie.

Nach einer Weile hielt sie zögernd inne.

„Ich glaube, ich habe mich verlaufen.“ Sie blickte ihn ratlos an.

„Vielleicht hat dich die Zeit auf deiner Suche nach alten Erinnerungen eingeholt. So wie mich, als ich auf dem Weg zur Stadt der ...“, begann Silas vorsichtig.

„Hör endlich auf mit dem Blödsinn!“, unterbrach ihn Elvina.

„Hast du eine bessere Erklärung?“

Elvina sah ihn fassungslos an. „Nein.“

„Hmm. – Weißt du, – also weißt du vielleicht, woher die Zeit kommt?“

Elvina schüttelte den Kopf. „Warum möchtest du das wissen?“

Er erzählte ihr von der Frage, die ihm gestellt worden war.

„Silas!“, unterbrach ihn Elvina plötzlich. „Ich weiß, es kann zwar nicht sein, aber ich glaube, es wird bald dunkel!“

Verstört blickte er in den Himmel. Eben noch hatte doch das grelle Auge der Julisonne fast senkrecht auf sie heruntergestarrt und sich seinem mittäglichen Scheitelpunkt genähert. Nun aber warf das Licht bereits die langgezogenen Schatten der nahenden Nacht.

„Komm schnell, wir versuchen, zurück zur Wiese zu finden!", rief Silas.

Schon kurze Zeit später standen sie wieder an ihrem Ausgangspunkt. Aber – die Wiese schien sich auf seltsame Weise verändert zu haben. Elvina griff nach Silas Hand und schaute ihn verdutzt an. „Siehst du auch, – was ich sehe?"

Silas nickte und blickte auf eine Reihe mächtiger Apfelbäume voll reifer Früchte, die sich dem Himmel entgegenreckten. Was war das nur für ein seltsames Spiel?

„Habe ich graue Haare?", fragte er unvermittelt.

Elvina schüttelte den Kopf.

„Und ich sehe nicht irgendwie älter aus als eben?"

„Nein, du hast dich nicht verändert, aber ..."

„Dann hat wohl nur jemand für unser Abendessen gesorgt!", sagte Silas freudestrahlend und pflückte einen dicken Apfel von einem tiefhängenden Ast.

Mit der Dämmerung mischte sich ein kalter Wind unter die laue Luft und weckte die Gänsehaut aus ihrem Sommerschlaf.

„Wir brauchen ein Feuer!", schlug Silas vor.

Im letzten Licht des Tages suchten sie nach trockenem Holz, während der Wind rastlos über das wogende Grasmeer wehte.

„Hör doch!", rief Elvina.

„Das ist nur der Wind", entgegnete Silas.

„Es klingt, als wollte er etwas sagen."

Da hörte auch Silas die flüsternde Stimme des Windes, doch er schien eine fremde Sprache zu sprechen.

Silas zuckte mit den Schultern. Nur wenig später hatte er ein loderndes Feuer entfacht, das die Schatten der mächtigen Apfelbäume wie lebendige Gestalten erscheinen ließ.

Elvina schaute nachdenklich in das Spiel der Flammen und wärmte ihre Hände.

„Warum bist du so still?", wollte er von ihr wissen.

„Ich fühle mich einsam ..."

Eine Weile war nur das Knistern der Holzscheite und das Rascheln der Grashalme zu hören.

„Darf ich ein Stück mit dir gehen?" Das sanfte Rot der Flammen huschte über ihre Wangen.

Er sah den Funken des Feuers nach, die in der Dunkelheit verschwanden. „Bist du sicher? Du weißt, ich suche meine verlorene Zeit. Wenn du mit mir kommst, wirst du den Weg in deine Zeit nicht mehr finden."

Sie zuckte mit den Schultern. Ihre Hand stahl

sich hinauf zu seiner. „Vielleicht möchte ich gar nicht zurück in meine Zeit ...“

„Es kann lange dauern, bis wir den Weg in meine Zeit gefunden haben“, gab Silas zu bedenken.

Elvina lächelte. Er gefiel ihr.

Bald war das Feuer heruntergebrannt, und die Dunkelheit legte sich still und schläfrig über sie. Nur der Wind war noch in Bewegung. *Rastlos, als ob er etwas Verlorenes sucht,* dachte Silas, doch dann schlief er ein.

Ihn weckte ein großer Apfel, der unsanft auf seinem Bauch landete.

„Aufstehen, du Langschläfer!“ Herausfordernd stand Elvina über ihm, bereit einen weiteren Apfel zu werfen.

„Na warte!“

„Fang mich doch!“

„Bist du morgens immer so gut gelaunt?“, rief er Elvina zu.

„Bist du morgens immer so langsam?“, entgegnete sie angriffslustig.

„Ich krieg dich schon noch!“ Allmählich begann ihm das Spiel Spaß zu machen.

Elvina hatte längst die Wiese verlassen, als Silas ihren Arm zu fassen bekam.

„Tanzt du mit mir in den Morgen?“ Sie sah ihn mit bittenden Augen an, denen Silas nicht widerstehen konnte.

Wie kleine fröhliche Kinder drehten sie sich

im Kreis und tanzten und tanzten in eine Welt des Glücks, bis ihnen schwindelig wurde.

Lachend ließen sie sich auf den Boden fallen.

„Wo sind wir?“, fragte Elvina nach einer Weile.

Eine baumlose Ebene lag vor ihren Füßen. Am Horizont ragte ein gewaltiger Berg in den Himmel, dessen Gipfel in schwarze Wolken gehüllt war.

Silas zuckte ratlos mit den Schultern.

„Es wird Regen geben“, sagte Elvina besorgt, als sich die dunklen Wolken entschlossen, in Windeseile zu ihnen herüberzuziehen. Wie zur Bestätigung ertönte das bedrohliche Grollen eines Donners.

„Schnell, einen Unterschlupf!“, rief Silas.

Schon bald fielen die ersten schweren Regentropfen aus dem wolkenverschmierten Himmel. So schnell sie konnten, rannten sie auf den Berg zu. Vielleicht gab es dort einen Unterschlupf, wo sie vor dem Unwetter geschützt waren.

Ein eigenartiger Geruch lag in der Luft. Die tiefhängenden Wolken schienen auseinanderzubrechen und ließen eine Flut aus Wasser auf sie herabprasseln.

Silas zeigte in Richtung des Berges.

Elvina nickte. Auch sie hatte bemerkt, dass sich jemand durch den dichten Regenvorhang auf sie zubewegte. Aber erst als das Wesen unmittelbar vor ihnen zum Stehen kam, erkannten sie ein riesenhaftes Murmeltier.

Elvina wich erschrocken einen Schritt zurück.

„Warum – äh ... warum bist du so groß?“, fragte Silas das Murmeltier verwundert.

„Ich weiß es nicht“, erwiderte es verbittert.

„Was ist das für ein Berg?“

„Gedankenlosigkeiten der Menschen.“

„Das alles?“, unterbrach ihn Elvina und merkte, wie ihre Stimme zu zittern begann.

„Ihre Folgen verstecken sich in den dunklen Wolken am Gipfel“, entgegnete das Murmeltier. „Zeit ist auch eine Frage der Verantwortung. Das aber vergessen die Menschen nur zu gerne. Alles ist machbar, hörte ich sie reden, doch was ist mit den Spuren, die sie hinterlassen?“

Das Murmeltier hastete weiter. „Hinter dem Berg findet ihr einen Weg, der euch weiterführen wird“, rief es ihnen noch zu und verschwand in der von Regen durchtränkten Dämmerung.

Da erst fiel Silas auf, dass er mit einem Tier geredet hatte. „Ein sprechendes Murmeltier ....“

Auch Elvina sah dem eigenartigen Geschöpf kopfschüttelnd nach.

Dann rannten sie weiter in die Richtung, in der sie den Berg vermuteten. „Hinter dem Berg“, hatte das Murmeltier gesagt. Wie ein mächtiges Ungeheuer versuchte der Regen immer wieder, ihnen die Orientierung zu rauben. Silas griff nach Elvinas Hand, um sie nicht aus den Augen zu verlieren.

Eine Ewigkeit schien vergangen zu sein, als sie den Fuß des Berges erreichten. Doch einen Unterschlupf fanden sie nicht.

„Weiter!", rief Silas. „Weiter! Wir müssen hinter den Berg!"

Sie sprangen über einen Bach, in dem Millionen vergossener Tränen schwammen und liefen durch ein tiefes Tal, in dem das Echo unüberlegter, verletzender und falsch verstandener Worte tausendmal widerhallte. Sie rannten und rannten.

Dann endlich – ließ der Regen nach. Endlich!

Ein erster Sonnenstrahl fand seinen Weg durch eine Wolkenlücke und fiel auf einen dichten Nadelwald, der bis fast an den Berg heranreichte. Die Bäume am Waldrand drängten sich eng aneinander, als wollten sie einen Schutzwall gegen den Berg errichten, der sich drohend bis an ihre Wurzeln herangeschlichen hatte.

„Sieh mal, ein Pfad!", rief Silas erleichtert.

„Ruhen wir uns einen Moment aus?"

Alle Muskeln taten ihr weh, und sie sehnte sich nach einem trockenen Kleid.

„Nichts lieber als das", antwortete er.

Sie setzten sich auf einen Baumstamm, der in der Nähe des Pfades auf dem Waldboden lag.

„Ah!", meinte Silas, streckte die Beine aus und rieb sich die schmerzenden Waden.

Doch er sprang schlagartig wieder auf,

als hunderte von Ameisen an seinen Beinen emporkletterten. Wild um sich schlagend versuchte er, die kleinen Tieren abzuschütteln.

„Ist gut gegen Rheuma!“, rief ihm Elvina lachend zu.

Nachdem Silas sich von den krabbelnden Insekten befreit hatte, betraten sie den Pfad, der schnurgerade wie mit einem Lineal gezogen durch den Wald führte, vorbei an grünen Fichten, hohen Tannen und mächtigen Kiefern. Unweit des Weges ragte der Stamm einer Schierlingstanne so gewaltig empor, als diente er dem blauen Himmel als Stützpfeiler.

Nach einer Weile wurde der Pfad immer breiter und schlängelte sich durch eine Landschaft, in der sich wie ein bunter Flickenteppich Felder und Wiesen aneinanderreihten.

Am Wegesrand grasten zwei weiß-braune Ponys, die laut wieherten, als sie die beiden menschlichen Wesen erspähten.

„Wie schön! - Ich liebe Ponys!“ Elvina war begeistert und strich ihnen sacht über die Nüstern. Silas schaute ihr amüsiert zu.

„Ich habe Hunger“, beschwerte er sich nach einer Weile. „Aber besonderen Appetit auf Gras habe ich nicht.“

„Macht´s gut, ihr beiden“, sagte sie mit zärtlicher Stimme, als Silas sie weiterzog.

Sie bemerkten die Mauer schon von weitem.

Mitten auf einem Feld wuchs eine hohe weiße Mauer in den blauen Himmel und versperrte ihnen trotzig den Weg.

Der Pfad endete vor einer schmalen Eisentür, in der zu ihrer Überraschung ein goldener Schlüssel steckte. Er ließ sich fast mühelos im Schloss herumdrehen.

„Wer geht zuerst?“, fragte Elvina ängstlich.

Die Tür schien sich noch ein wenig schmaler zu machen, entschlossen, sie nicht beide gleichzeitig hindurchzulassen.

„Ich gehe schon“, entgegnete Silas. Doch als er durch die Tür treten wollte, stieß ihn eine unsichtbare Kraft zurück.

Nun geschah etwas Seltsames. Mit jedem Schritt, den er vorwärts tat, machte er einen Schritt zurück. Irgend jemand zog ihn unfreiwillig durch eine Landschaft, in der sich Felder und Wiesen wie ein bunter Flickenteppich aneinanderreihten, vorbei an zwei weißbraunen Ponys, die am Wegesrand grasten. Ein immer schmaler werdender Pfad führte schnurgerade in einen dichten Nadelwald hinein.

Der Berg, dachte Silas voller Entsetzen. *Nicht schon wieder der Berg! Was geschieht hier bloß? Denk nach!* Er kam sich vor wie eine Marionette. „Natürlich – Die Vergangenheit ließ sich eben nicht mehr ändern.“ Und dann kam ihm eine Idee. War der Fluss der Zeit überhaupt umkehrbar? Wenn die Zeit nur vorwärts laufen konnte, dann geschah hier etwas, das gar nicht geschehen konnte. Wie aber sollte er dann jemals herausfinden, woher die Zeit kam?

„Halt!“, rief er laut, „Halt!“

Nur einen Moment später gewann er die Gewalt über seinen Körper zurück.

Als wäre nichts gewesen, stand er wieder auf dem Feld, wo eben noch die weiße Mauer gewesen war. Doch die Mauer war spurlos verschwunden – und mit ihr die Tür der Vergangenheit, als ob es sie nie gegeben hätte.

Silas blickte sich suchend um. Er merkte, wie sein Herz für einen Augenblick stehenblieb. Elvina war wie vom Erdboden verschluckt.

„Elvina!“, rief er. „Wo bist du?“

War auch Elvina durch diese Tür getreten, die die Zeit scheinbar rückwärts fließen ließ? Hatte sie das faule Spiel nicht durchschaut?

Er rief und rief, aber Elvina blieb unauffindbar.

Tränen liefen über sein Gesicht. „Ich habe dich doch gerade erst gefunden!“

Niedergeschlagen und voller Sorge folgte er dem breiten Pfad. Er vermisste ihr fröhliches Lachen, ihre Augen und ihre warmen Hände ...

Immer weiter und weiter führte der Weg durch einsame Felder, bis er in der Ferne ein Haus entdeckte.

„GASTHAUS DER GEGENWART“, las er

über der Eingangstür, als er nah genug herangekommen war. Aus dem Gasthaus schallte fröhlicher Lärm. Doch er schien sich in höhnisches Gelächter zu verwandeln, als Silas die Tür öffnete.

Ein kräftiger Mann mittleren Alters mit sonnengebräunter Haut drehte sich nach ihm um. „He, Bursche, Lust auf ein Kartenspiel? Einen Mann wie dich könnten wir noch gebrauchen!"

„Ich wollte nur fragen, ob ihr eine junge Frau gesehen habt, die ..."

„Silas! – Wo warst du nur so lange?" Eine Frau war von einem Tisch in der Ecke aufgesprungen.

„Elvina!", rief er erleichtert. „Dir ist nichts zugestoßen? – Ich habe so gehofft, dass ich dich wiederfinden werde!"

Er lief auf sie zu und nahm sie freudestrahlend in seine Arme. Dann erzählte er ihr von seinem Ausflug in die Vergangenheit. Silas nahm einen Schluck Wasser aus ihrem Becher. Wie ein kühler Sommerregen nach tagelanger Hitze floss das Wasser durch seine ausgedörrte Kehle.

Sie blickte ihn ungläubig an. „Ich dachte schon, du seist nur ein Trugbild gewesen. Als du durch die Eisentür gegangen bist, war die weiße Wand urplötzlich verschwunden. Und von dir war nichts mehr zu sehen – als ob es dich nie gegeben hätte. Ich habe dich gesucht, doch ich konnte dich nicht finden. Dann habe ich dieses Gasthaus entdeckt."

„Hast du Hunger?", fragte der Wirt.

Silas merkte, wie sich sein Magen zu Wort meldete.

„Einen Bärenhunger!", antwortete er. Wie lange hatte er schon nichts mehr gegessen? Er erinnerte sich an die leeren Regale in seiner Wohnung, die ihn mitleidig angesehen hatten. Ob sie schon gewusst hatten, was ihm widerfahren würde?

Kurze Zeit später stand eine dampfende köstlich riechende Speise vor Silas. Ihm lief das Wasser im Munde zusammen, als er den Holzlöffel in die Hand nahm, und verschlang gierig die wunderbarste Mahlzeit aller Zeiten. Zumindest kam es ihm so vor.

„Mit vollem Magen spielt man am besten das Spiel der Gegenwart", rief der kräftige Mann am Nebentisch, nachdem Silas die letzten Köstlichkeiten vom Teller gekratzt hatte.

„Geh nur. Ich schaue euch zu", meinte Elvina.

„Setz dich zu uns!", forderte ihn der Mann auf, als Silas zögernd näherkam.

„Was ist das für ein Spiel?", fragte er.

„Auf dem Tisch liegen drei Stapel Karten", erklärte der Mann. „Das Ziel des Spiels ist es, die Karte der Gegenwart aufzudecken. Deckst du eine Karte der Vergangenheit auf, so hast du verloren. Die Karten der Zukunft lassen sich nicht aufdecken. Das hat noch niemand von uns geschafft. – Du beginnst!"

Nur zu oft deckte Silas die Karten der Vergangenheit auf. Er sah das riesenhafte Murmeltier, das Lagerfeuer auf der Apfelbaumwiese, den König der Bewegungslosigkeit und den alten Mann, der ihn vor der Straße der Erinnerung gewarnt hatte. Silas hatte auch den Wunsch, in die Zukunft zu schauen. „Wann werden wir den Weg aus dem Labyrinth der Zeit finden?", fragte er sich. Aber auch ihm gelang es nicht, die Karten der Zukunft vollständig aufzudecken. Ob sie noch gar nicht beschriftet waren?

„Silas?"

„Ja."

„Wir sollten uns wieder auf den Weg machen."

„Oh – ja, du hast recht ..."

Also verabschiedeten sie sich von den gutgelaunten Männern und ließen das Gasthaus der Gegenwart bald hinter sich. Der Pfad führte sie weiter durch kleine Wälder und Felder, auf denen Roggen, Weizen und Dinkel angebaut wurden. Ein leichter Wind begleitete sie und strich sanft über die goldgelben Ähren hinweg. So wanderten sie Stunde um Stunde, bis es Abend wurde.

Die Luft war erfüllt von Zikadenklängen. Und am Himmel zog eine Schwalbe einsam ihre

Kreise, während die Sonne wie ein großer roter Ball am Horizont stand.

Silas blieb wie gebannt stehen. Er liebte diese Stimmung, in der die Welt wie ein verwunschener Ort wirkte; Momente, in denen er das Gefühl hatte, der Vorhang, der die Geheimnisse des Lebens verdeckt, habe sich für einen winzigen Augenblick zur Seite bewegt; Momente, in denen alles andere unwichtig erschien; Momente, in denen der Augenblick mit einem Gefühl von Ewigkeit zu verschmelzen schien.

Auch Elvina war voller Verzückung stehengeblieben. Eine weiche weiße Schwalbenfeder schwebte zu Boden und landete direkt vor ihren Füßen. Als Silas die Feder aufheben wollte, bemerkte er einen Zettel, der an ihrem Stiel befestigt war:

Immer noch nicht hast du mein Rätsel gelöst. Aber vielleicht kannst du mir sagen, wo die Zeit endet? Dort findest du den Ausgang in deine verlorene Zeit.

Silas blickte Elvina ratlos an. Wo die Zeit endet und woher die Zeit kommt, waren das etwa die gleichen Fragen? Kam die Zeit dort her, wo sie endet? Oder gab es gar keinen Anfang? Gab es dann auch kein Ende? War die Zeit einfach nur der gegenwärtige Augenblick? Lag das Geheimnis der Zeit vielleicht in den Karten der Gegenwart? Aber warum hatte er ihr Geheimnis im Gasthaus der Gegenwart dann nicht entdeckt?

Ob er die Frage nach dem Ende der Zeit gar nicht beantworten konnte? Genausowenig wie die Frage, woher die Zeit kommt?

„Keinen Anfang und kein Ende ...“, dachte Silas laut.

Unterdessen waren sie langsam weitergegangen.

Die Dämmerung brach gerade herein, als der Weg in einem Waldstück unvermutet endete. Das Dickicht, das sich vor ihnen auftürmte, wirkte wie ein undurchdringlicher Wall.

Eschrocken flatterte ein Nachtkauz davon, als Silas über einen Ast stolperte, den er übersehen haben musste.

„Autsch!“

Er fiel unerwartet hart.

Was war das?

Mit beiden Händen schob er das modrige Laub beiseite und spürte einen kalten Eisengriff.

Als er mit aller Kraft an dem Griff zog, öffnete sich knarrend eine Bodenluke. „Eine Treppe!“, sagte er verblüfft.

Vorsichtig trat er auf die in rohen Fels gehauenen Stufen. Als er das Ende der Stiege erreicht hatte, blickte er in einen niedrigen mit Fackeln beleuchteten Gang. Ein kalter Luftzug überzog seine Arme mit Gänsehaut. Silas horchte eine

Weile ängstlich in den Tunnel hinein. Wo würde der Gang sie hinführen?

„Hier geht es weiter!“, rief er dann Elvina zu und half ihr hinunter.

Sie mussten geduckt gehen, um nicht mit dem Kopf an die Decke zu stoßen. Die Fackeln in den Halterungen warfen lange, flackernde Schatten auf die Wände.

„Was - denkst du über die Zeit?“, wollte Silas von Elvina wissen. Der steinerne Gang führte abwärts und verschwand um eine Ecke.

„Ich weiß nicht. - Vielleicht bleibt uns das letzte Geheimnis der Zeit verborgen, und das Labyrinth der Zeit wird immer ein Labyrinth bleiben“, überlegte sie.

„Aber dann würden wir ja niemals mehr hier herausfinden“, bemerkte Silas unsicher. Wieder machte der Gang eine Biegung.

„Und wenn auch deine Zeit irgendwo im Labyrinth der Zeit liegt?“, vermutete Elvina.

„Hmm...“, machte Silas. Er hatte Angst, dass sie sich auf einem der Wege befanden, die ins Nirgendwo führten und erinnerte sich an die Worte des alten Mannes.

Nach einer Weile stießen sie auf eine hölzerne Tür, an der ein vergilbtes Blatt Papier befestigt war.

„Sieh mal!“, rief Silas.

„Der Mensch - hat die Freiheit, sich im Raum beliebig und nach seinem Willen zu bewegen“, las Elvina vor. „Für die Zeit gilt das nicht. Sie allein bestimmt die Spielregeln und lässt sich nicht treiben oder gar überwinden. Der Mensch treibt in der Zeit. Daher wird er die Frage nach einem Anfang oder Ende niemals beantworten können. – Hinter dieser Tür liegt nicht der Ausgang aus dem Labyrinth der Zeit. Das Labyrinth der Zeit ist überall."

Die Tür war unverschlossen und öffnete sich quietschend, als Elvina dagegendrückte.

Hinter der Tür erstreckte sich ein weitläufiger Raum.

Ausgediente Regale, eine Vielzahl von zerbrochenen Stühlen und ein alter Schrank, in dem zwei Holzwürmer einen sicheren Unterschlupf gefunden hatten, waren von einer geradezu märchenhaft dicken Staubschicht bedeckt. Vorhänge aus Spinnweben zogen sich über die kahlen Wände, als wollten sie diese schmücken und ihnen ein wenig von ihrer Kälte nehmen. Aus einer Deckenluke fiel ein schwacher Lichtschein in den Raum.

„Wie kommen wir dort hinauf?", fragte Elvina.

Silas ließ seinen Blick durch den schwach beleuchteten Raum schweifen und entdeckte in einer dunklen Ecke eine verrostete Leiter.

Vorsichtig stieg er mit ihrer Hilfe dem grauen Viereck in der Decke entgegen.

Elvina zögerte noch. Die Leiter schien ihr ein wenig unsicher zu sein. Aber dann kletterte sie trotz ihrer Bedenken hinter Silas her. Abgesehen von zwei fehlenden Sprossen erwies sich die Leiter als verlässliche Kameradin.

Sie quetschte sich durch die Luke und kroch in eine unbestimmte Landschaft aus rundlichen Türmen und schmalen Durchgängen, bei der es sich offensichtlich um einen Lagerraum handelte. Weinfässer, staubige Mehlsäcke und Kisten voller Zwiebeln stapelten sich meterhoch.

Am Ende des Vorratslagers entdeckten sie eine Tür, die in einen Verkaufsraum führte. Zwei Petroleumlampen warfen ihr trübes Licht auf eine Reihe von Holzregalen, in denen sich Äpfel, Kohlköpfe, Brot, Kuchen, Kartoffeln und Reis stapelten. Die Luft war erfüllt von einem Gemisch aus Thymian, Zimt, Rosmarin und wohlriechenden Nelken.

Das war doch doch der Laden, in dem alles begonnen hatte! Sogar die Mehlschaufel lag noch da, wo er sie fallengelassen hatte. Dann hatte er also tatsächlich seine Zeit wiedergefunden?

„Willkommen in meiner Zeit!“, rief Silas erleichtert.

Die kleine Glocke an der Eingangstür läutete besonders eifrig, als sie ins Freie traten.

Langsam schlenderten sie über den Marktplatz und betrachteten amüsiert die Menschen, die mit schnellen Schritten und verkniffenem Gesicht von einem Geschäft ins andere hetzten.

Zwei Amseln saßen auf dem Dach eines Hauses und putzten gemächlich ihr Gefieder.

„Entschuldigung, wissen Sie, wie spät es ist?“, fragte ein vorübereilender Mann.

Silas schüttelte den Kopf. „Nein – tut mir leid“, entgegnete er wahrheitsgemäß.

Er führte Elvina zu einer einladenden Holzbank, die wie eine Insel aus dem Strom hastender Menschen ragte. Nur ein rotbraunes Kätzchen lag auf der Bank und genoss die warmen Strahlen der Frühlingssonne. Es schien nichts dagegen zu haben, die Bank mit zwei Menschen zu teilen.

Eine Insel in einem Meer der Ruhelosigkeit, dachte Silas und hoffte, dass die kleine Insel nicht von den hohen Wellen um sie herum ins Meer zurückgeholt wurde.

Ein kleiner Marienkäfer landete auf seiner Hand. Er schenkte ihm ein Lächeln und strich vorsichtig über seine zarten Flügel.

Elvina beobachtete die beiden liebevoll. „Ich glaube, er mag dich“, sagte sie leise.»

„Das war aber eine schwere Geschichte!“

„Das ist so, weil die Zeit ein so kompliziertes Geheimnis ist“, entgegnete der Großvater.

„Wer hat denn eigentlich das Labyrinth

der Zeit gemacht?", fragte der kleine Junge neugierig.

„Erinnerst du dich an die Stimme, die zu Silas gesprochen hat?"

„Hmm", machte der kleine Junge.

„Die Stimme ist der Vater der Zeit. Doch ich konnte ihm keinen Namen geben."

„Warum denn nicht?"

„Niemand kennt den Erfinder der Zeit."

„Oh, – wie schade!"

„Weißt du was? Wenn deine Mutter das nächste Mal sagt, sie hätte keine Zeit, dann frag sie mal, wo sie die Zeit denn verloren hat."

Der kleine Junge nickte nachdenklich.

„Hast du Hunger auf ein Eis?"

„Juchhuh! Mit Vanille, ja? Und mit Zitrone und Schokolade und Erdbeer!"

Schmetterlingsträume

Es war einmal eine kleine Raupe.

Sie fraß sich von Blatt zu Blatt, und von Tag zu Tag.

Eines Morgens aber fragte sie sich, ob sie denn so weiterleben wollte, wie sie eben so lebte. Das konnte doch nicht alles sein, oder?

Also ließ sie die Blätter Blätter und die Tage Tage sein und baute sich einen bequemen Kokon, in dem sie darüber nachdenken wollte, was sie an ihrem so gewöhnlichen Leben ändern konnte.

„Hui, hier ist es aber dunkel!“, fand sie, als sie sich verpuppt hatte, aber es war auch ein wenig angenehm, einfach nur in einem Kokon zu liegen und die Welt da draußen vorüberziehen zu lassen. Und während die Raupe über sich nachdachte, wurde sie plötzlich sehr müde und fiel in einen tiefen Schlaf. Der reichte der Raupe seine kräftige Hand und führte sie in die Welt der Träume. Der Schlaf zog sie durch gold-

schimmernde Dörfer und üppige Wälder, bis er die kleine Raupe an einer einsamen Weggabelung mit ihrem Traum alleine ließ.

„Geh nicht weg! Ich weiß ja gar nicht, wo ich bin!", rief sie dem Schlaf hinterher, doch ihre Stimme fand kein Ohr mehr, das ihr zuhörte.

„Und jetzt?", fragte sie sich endlich. Eigentlich wollte sie nicht mehr dorthin zurück, woher sie gekommen war. Denn – wie gesagt – hatte die kleine Raupe beschlossen, ihr Leben gründlich zu ändern.

„Ich hab´s!", rief sie nach einer Weile. „Ich brauche ein Ziel!" Vielleicht gab es ja einen Wegweiser, hoffte sie. Tatsächlich entdeckte sie ein Schild, doch es stand nicht mehr da, wo es einstmals hingehört hatte, sondern lag vom Sturm der Zeiten geknickt mitten auf dem Weg.

„Zufriedenheit" und „Glück" las sie auf dem halb verwitterten Wegweiser. Das hörte sich ja nach verlockenden Zielen an. Doch es nutzte ihr nichts, dass sie in ihren jungen Jahren Lesen und Schreiben gelernt hatte, denn es konnte der rechte oder der linke Weg gewesen sein, den

das Schild gemeint hatte.

Da wurde die Raupe ärgerlich und schimpfte auf den Sturm der Zeiten.

„Wie kann ich nur herausfinden, welcher Weg zu Glück und Zufriedenheit führt?“, überlegte sie.

Führten Zufriedenheit und Glück überhaupt in die gleiche Richtung? Und: Ist der Weg dorthin auch sicher und bequem? Denn der Weg, den sie gehen wollte, sollte so einfach wie möglich sein. Und natürlich wollte sie sicher sein, am Ende das Glück und die Zufriedenheit auch tatsächlich zu erreichen.

Viele Tage grübelte die kleine Raupe über diese Fragen nach, blickte abwechselnd nach rechts und nach links, trippelte ein paar Schritte in die eine Richtung, nur um wenig später an den Steinen des anderen Weges zu schnuppern. Sie lugte um die ersten Wegbiegungen und hielt ängstlich nach unbequemen Hindernissen Ausschau. Schließlich entschied sich ihr Verstand für den rechten Weg.

Also drehte sie ihre winzigen Füße nach rechts und marschierte frohen Mutes durch die Welt.

Sie wanderte und wanderte. So vergingen Sommer, Herbst und Winter. Doch als der Frühling die Bäume mit frischem Grün behängte, hatte sie das Ziel ihres Lebens noch immer nicht gefunden. Ihr Verstand sagte ihr Morgen für

Morgen, dass sie doch zufrieden sein könne, aber ihr Herz weinte Abend für Abend heimliche Tränen. Tatsächlich beschlich sie von Zeit zu Zeit das Gefühl, dass etwas nicht stimmte. War sie wirklich zufrieden, oder betrog sie sich einfach nur selbst?

Da fiel ihr plötzlich ein, dass sie einmal gehört hatte, sie sei geboren worden, um eines Tages zu einem wunderschönen Schmetterling zu werden. Und nun – stolperte sie immer noch als grüne Raupe über einen staubigen Weg.

„Na ja, vielleicht bin ich eben doch nicht geboren, um ein Schmetterling zu werden", redete sie sich ein.

„Du wolltest ja gar kein Schmetterling werden!", meldete sich ihr Verstand. Verdutzt blieb die Raupe stehen.

Da hörte sie mit einem Mal ein Klopfen, das ihre Schritte die ganze Zeit übertönt hatten. Es war ihr Herz, das zu ihr sprach: „Mich hast du ganz vergessen. Schon lange wollte ich dir etwas sagen, aber du hast nur auf deinen Verstand gehört, bloß weil ich dich ein paarmal enttäuscht habe. Es liegt mir eben nicht, so weit in die Zukunft zu schauen wie dein Verstand. – Doch hättest du schon lange ein blau-getupfter Schmetterling sein können, oder vielleicht ein rot-weiß gestreifter, wenn du auch auf mich gehört hättest."

Die kleine Raupe staunte über die Worte ihres

Herzens. „Und wie hätte ich deiner Meinung nach ein Schmetterling werden können?“, fragte sie neugierig.

„Erinnerst du dich noch an die Wegkreuzung, an die dich der Schlaf geführt hat? Weißt du noch, wie du auf den Sturm der Zeiten geschimpft hast, der den Wegweiser so übel zugerichtet hatte?“

Die kleine Raupe nickte.

„Der Sturm der Zeiten wehte – lange bevor die ersten Raupen hierher kamen – über das Land und schenkte auf diese Weise den Raupen die Freiheit, selbst zu entscheiden, wo Glück und Zufriedenheit zu finden sind. Aber ich will dir etwas verraten, wenn du möchtest“, meinte das Herz geheimnisvoll.

„Nun sag schon!“, erwiderte die kleine Raupe ungeduldig.

„Der Wegweiser zeigte einst auf die bunte Wiese voller Blumen, die du gar nicht beachtet hast, wenn ich mich recht erinnere. Du hast dich bloß gefragt, ob du den rechten oder linken Weg nehmen sollst. Den rechten und auch den linken Weg sind schon viele Raupen gegangen. Doch weißt du, Schmetterlinge sind nicht auf vorgezeichnete Wege angewiesen. Sie fliegen ihren eigenen Weg – nicht vom Verstand geführt, denn sie folgen ihrem Herzen, schweben hinaus auf eine Wiese bunter Blumen. Suche deinen Weg nicht allein mit deinem Verstand, der nach

Sicherheit sucht und am liebsten auf ausgetretenen Pfaden wandert, um es allen irgendwie recht zu machen. – Es ist nie zu spät, den Weg des Herzens zu gehen. Und wenn du eines Tages den Sinn des Lebens finden solltest, so findest du ihn – in deinem Herzen!"

„Jetzt reicht es mir aber!", rief der Verstand ärgerlich. „Du willst doch nicht sagen, dass du wichtiger bist als ich!"

„Genau das!", erwiderte das Herz.

„Ich bin mindestens so wichtig wie du", schmollte der Verstand.

Da begann die kleine Raupe laut zu lachen. „Wisst ihr was, ihr zwei? Ich glaube, ich brauche euch beide. – Wollt ihr mir nun helfen, ein Schmetterling zu werden?"

Die beiden nickten schuldbewusst.

„Und du wirst mich nicht einfach wieder vergessen?", fragte ihr Herz.

„Versprochen", antwortete die kleine Raupe fröhlich.

Als die Raupe erwachte, hatte sich etwas verändert. Sie spürte es genau. Warum war es eigentlich so dunkel? Da erinnerte sie sich an den Kokon, den sie gebaut hatte, um über ihr Leben nachzudenken. Ob sie wirklich zu einem Schmetterling geworden war, während sie geträumt hatte?

Sie fühlte ein Kribbeln freudiger Erwartung

in ihrem Bauch, als sie die Tür ihres Kokons öffnete. Ein weiter Himmel von kräftigem Blau strahlte ihr entgegen. Vorsichtig bewegte sie ihre zarten Flügel und schwebte in Richtung Sonne davon. Sie konnte fliegen! Fliegen! Unbekümmert tanzte sie über den Pflanzenteppich. Prächtige Löwenmäulchen und hohe Glockenblumen freuten sich mit dem jungen Schmetterling und öffneten ihre duftenden Blüten, um ihm ein wenig von ihrem Nektar zu schenken.

Das Märchen vom verlorenen Märchen

„Ich will nicht nach Hause!“, schluchzte Tanja.

„Aber, aber ...“, sagte der Großvater und strich ihr über das braune Haar.

„Ich will bei dir bleiben!“, bettelte Tanja.

„Zuhause wartet etwas Wunderschönes auf dich!“

Tanja horchte auf. „Was denn?“

Großvater nahm ein blau bemaltes Kästchen aus dem Bücherregal und gab es ihr.

„Was ist da drin?“

„Ein Märchen.“

Tanja mochte Märchen über alles! „Hast du es erfunden?“

„Nein“, lachte der Großvater.

„Schade!“ Sie fand nämlich, dass Großvater wundervolle Geschichten erfinden konnte. „Von wem ist es?“

„Von einem großen Geschichtenerfinder“, sagte er geheimnisvoll. „Doch mehr wird nicht verraten.“

Tanja machte Anstalten, das Kästchen zu öffnen.

Großvater schüttelte den Kopf. „Du darfst es erst Zuhause öffnen.“

„Ohhh ...“

„Versprochen?“
„Versprochen!“

Tanja hielt das Kästchen während der Fahrt ganz fest in ihren Händen und platzte beinahe vor Neugier.

Endlich war sie Zuhause. Doch wie enttäuscht war sie, als sie das Kästchen öffnete. Großvater hatte sie angelogen! Das Kästchen war leer!

Sie lief zum Telefon und wählte Großvaters Nummer.

„Du hast mich angelogen!“, beschwerte sich Tanja.

„Ich würde dich niemals anlügen, das weißt du doch!“

„Aber du hast es getan. Das Kästchen ist leer.“

„Du hast das Märchen doch nicht etwa verloren?“

„Ich habe die ganze Zeit auf das Kästchen aufgepasst!“

„Und du bist sicher, dass es ganz leer ist?“

„Ja!“

„Sieh noch einmal nach!“

Tanja rannte in ihr Zimmer, doch wieder fand sie kein Märchen in dem Kästchen.

„Ich hab dir doch gesagt: Da ist kein Märchen drin! Nur ein paar Krümel!“

„Drei Krümel?“, fragte Großvater.

„Ja ... genau ...“, erwiderte Tanja.

„Wirf sie aus deinem Fenster."

„Und dann?", wollte Tanja wissen.

„Dann verschließt du das leere Kästchen ganz fest und wartest drei Tage und drei Nächte."

„Und dann?"

„Du wirst schon sehen. Ich habe dir doch ein Märchen versprochen."

Tanja tat, was Großvater gesagt hatte, stellte das Kästchen in ihr Regal und wartete drei Tage und drei Nächte.

Am Morgen nach der dritten Nacht klingelte es an der Tür.

„Großvater!", rief Tanja glücklich, als sie sah, wer da im Garten stand.

„Eigentlich wollte ich nur mal nach dem Märchen schauen, das ich dir mitgegeben habe."

„Es war nicht in dem Kästchen drin – das weißt du doch!"

„Willst du nicht noch einmal nachschauen?"

Tanja öffnete das Kästchen.

„Siehst du? Es ist leer!"

„Es war nicht leer, als ich es dir gegeben habe", sagte Großvater und lächelte.

„Du meinst diese Krümel?"

„Das waren keine Krümel."

„Was ... was dann?"

„Sieh aus dem Fenster!", sagte der Großvater.

Vor dem Fenster waren drei herrliche Blumen gewachsen. Eine rote, eine blaue und eine gelbe.

„Sind die schön!“, rief Tanja. „Aber ... was ist mit dem Märchen, das du mir versprochen hast?“

„Du hast es schon bekommen.“

Tanja sah Großvater verwirrt an.

„Ist es nicht ein wunderbares Märchen, wie sich drei winzige Samenkörner, die du beinahe übersehen hättest, in drei so herrliche Blumen verwandeln?“, fragte Großvater.

Tanja nickte stumm und sah, wie sich die zarten Blütenblätter in der Sonne öffneten. So als hätte es sie schon immer gegeben. Dabei waren sie vor ein paar Tagen noch drei unscheinbare Krümel gewesen!

„Ist es nicht ein wunderbares Märchen ...“, fuhr Großvater fort. „... dass es auf diesem Planeten mitten im Weltall Blumen gibt, und Schmetterlinge und Brombeeren und Pinguine und Menschen? Und dass es am Anfang des Lebens nur eine einzige Urzelle gab, die noch kleiner war als die drei Krümel? Und dass aus dieser einen Urzelle in vielen tausend Jahren all die Pflanzen, Tiere und Menschen entstanden sind, die auf der Erde leben?“

Tanja wusste nicht, was eine Urzelle war, doch das war ihr egal. Das Wichtigste war, dass Großvater sie nicht angelogen hatte.

„Niemand weiß, wer dieses Märchen geschrieben hat. Die Menschen streiten darüber, wie er heißt: Manche nennen ihn Gott, manche

Allah und wieder andere Zufall."

Eine Weile standen sie still nebeneinander und blickten in den blühenden Garten.

„Das allerschönste Märchen aber ist, dass es dich gibt!", sagte Großvater und nahm sie in seine Arme.

Wahrscheinlich hätte Tanja nie wieder in das Kästchen geschaut, wenn es nicht viele Jahre später beim Staubputzen von ihrem Regal gefallen wäre. Zu ihrer Überraschung lag ein zusammengefalteter Zettel in dem Kästchen.

Sie faltete den Zettel auseinander und erkannte die Schrift ihres Großvaters. Dann las sie, was er geschrieben hatte. Es war nur ein einziger Satz:

Jedes Märchen ist ein Samenkorn, das sich in eine Zauberblume verwandelt, wenn es den Boden deines Herzens berührt.

Der vergessene Garten

Es war Anfang Mai, und überall im Garten roch es nach Frühling. Ein weißer von immergrünem Efeu überwucherter Zaun umrahmte eine bunte Wildnis aus Brennesseln, Löwenzahn und Kirschbäumen. In der Luft lag der betörende Duft unzähliger Kirschblüten.

Eifrige Bienen und Hummeln summten von Kirschblüte zu Kirschblüte, um den süßen Nektar aus ihrem Kelch zu schlürfen.

Eine Kirschblüte aber war sehr traurig.

„Kommt doch auch zu mir, ihr lieben Bienen“, dachte die traurige Kirschblüte sehnsüchtig. „Denn wenn ich groß bin, möchte ich einmal eine wunderschöne rote Kirsche werden.“

Doch immer setzten sich die Bienen auf die anderen Blüten und beachteten Lea nicht.

„Bin ich etwa nicht süß genug?“, fragte sie sich. Dabei gab sie sich soviel Mühe. Sie winkte den Bienen freundlich zu, sang mit ihrer zarten Stimme Lieder oder erzählte lustige Geschichten.

Unterdessen schlich sich eine dunkle Wolke leise an die Sonne heran. Abertausende von Regentröpfchen hatten sich versammelt, um die Erde zu besuchen. Ein kleiner Regentropfen an der vordersten Spitze der Wolke blickte mit besonders großen und erwartungsvollen Augen seinem Ziel entgegen.

Heute endlich war der große Tag gekommen, an dem er die Welt kennenlernen würde. Anton war so ungeduldig, dass er kaum stillstehen konnte. „Wie mochte es wohl dort unten auf der Erde sein?“, fragte er sich neugierig.

„Aua“, rief Lea, als ein Regentropfen genau in ihrem Blütenkelch landete. „Du tust mir weh. – Meine schönen Blütenblätter! Jetzt wird mich erst recht niemand mehr mögen.“

„Oh dankeschön für die nette Begrüßung. Ich wäre wohl besser da oben geblieben“, sagte Anton ein wenig ärgerlich.

„Ein anderer hätte sich vielleicht über dich gefreut. Vielleicht die Wurzeln meines Baumes. Oder ein durstiger Vogel. Oder der kleine Bach, der durch den Garten fließt“, sagte Lea. „Aber du musst verstehen, mir kommst du ziemlich ungelegen.“

„Schade, ich dachte wir könnten Freunde werden“, seufzte Anton.

„Wir und Freunde? Nein – wir passen nicht zusammen.“

„Wie komme ich denn wieder aus dir heraus? Ich will den Bach fragen, ob ich mit ihm auf Reisen gehen kann“, schlug Anton vor.

„Nun lass mich doch endlich in Ruhe!“

Lea schüttelte sich so lange, bis der Regentropfen zu Boden fiel.

Glücklicherweise fiel er nicht auf den Boden, denn dann hätte Anton den Bach nie erreicht.

Statt dessen landete er auf dem Panzer einer Schildkröte.

„Hallo, ich bin Anton“, stellte er sich vor. „Bringst du mich zum Bach?“

Die Schildkröte antwortete nicht, ja sie schien Anton noch nicht einmal zu bemerken. Anton existierte einfach nicht in ihrem Leben. Sie konnte ihn auch gar nicht bemerken, weil er leichter als eine Feder auf ihrem gepanzerten Rücken lag.

Wie es der Zufall wollte, war die Schildkröte gerade auf dem Weg zu dem Bach, der durch den Garten floss. Es dauerte Anton zwar ein bisschen lange im Verhältnis zu den Geschwindigkeiten, die er zu fliegen gewohnt war. Schließlich aber erreichte die Schildkröte den kleinen klaren Bergbach.

„Darf ich mit dir fließen, lieber Bach?“, fragte Anton.

„Aber ja. Ich freue mich über jeden, der mich auf meinem langen Weg ins Meer begleitet. Erzähle mir deine Geschichte. Es ist sehr ungewöhnlich, dass jemand von einer Schildkröte zu mir gebracht wird“, antwortete der Bach.

Als Anton in den Bach tauchte, veränderte die Welt ihre Farbe. Sie schien nur noch aus

Blautönen zu bestehen. Aber Anton hatte bereits entdeckt, dass man ein und dieselbe Sache ganz unterschiedlich wahrnehmen kann.

Schon bald verließ Anton mit dem Fluss den vergessenen Garten und besuchte Landschaften, von denen Lea nur durch das leise Flüstern der Bäume erfahren hatte ...

Nach und nach verstummten die Vögel des Tages.

Auch Lea wurde müde und schloss ihre kleinen Augen.

Kaum aber war sie eingeschlafen, da gelang es einem Traum, Lea in seinen Bann zu ziehen ...

... Lea stand auf einer blumenbewachsenen Lichtung inmitten eines tiefen, undurchdringlichen Waldes. Bunte Paradiesvogelblumen, prächtige Goldtaler, cremefarbene Engelstrompeten und purpurrote Trollblumen standen dort in voller Blüte.

Während sie noch staunend darüber nachdachte, wie eine solche Herrlichkeit möglich war, begegnete Lea einer ganz in weiß gekleideten Fee.

Die Fee schenkte ihr ein Fläschchen mit einer magischen Flüssigkeit.

„Trinke hiervon, und du wirst dich in jedes Lebewesen deiner Träume verwandeln“, sagte die Fee mit geheimnisvoller Stimme und verschwand.

Das klang verlockend, fand Lea und beschloss, einen Schluck aus dem Fläschchen zu versuchen.

„Aber in welches Lebewesen möchte ich mich verwandeln?", fragte sie sich. „Bienen und Hummeln – die mag ich nicht mehr. Immerzu fliegen sie zu den anderen Kirschblüten. Eine Schildkröte – ist mir zu langsam. Aber – ein Marienkäfer, das wäre nicht schlecht ..."

Ja, ein Marienkäfer wollte sie sein, mit sechs schwarzen Pünktchen auf den leuchtend roten Flügeln. Wie die Farbe einer reifen Kirsche. Sie würde fliegen können, wohin sie wollte. *Das wäre schön*, dachte sie und trank einen Schluck von der geheimnisvollen Flüssigkeit.

Und schon sah sich Lea als Marienkäfer über eine bunte Wiese fliegen. Komisch war das, wenn man fliegen konnte, und doch so einfach. Dann suchte sie nach einem Freund.

Doch erst nach einer geschlagenen Stunde fand sie endlich, was sie gesucht hatte. Auf einem langen grünen Blatt saß ein Marienkäfer und winkte ihr freundlich zu.

„Hallo, ich bin Lea. Sollen wir Freunde sein?"

„Bonjour, Madame. Qu'est-ce tu as dit?", entgegnete der Marienkäfer verwundert.

„Was hast du gesagt?"

„Tu parles français?"

„Ich kann dich nicht verstehen“, sagte Lea traurig und flog weiter.

Dass die Suche nach einem Freund aber auch so schwierig sein musste.

Vielleicht versuche ich es einmal mit einer duftenden Rose, dachte sie.

Als Rose fühlte sich Lea sehr stolz - denn sie war die Königin unter den Blumen. Auf ihren samtigen Blütenblättern funkelten Tautropfen wie Kügelchen aus purem Silber.

Lea wusste, wie verführerisch sie duftete und schickte ihr wohlriechendes Aroma in die weite Welt.

Aber als sie sich umschaute, entdeckte sie ein großes rotes Feld voller Rosen.

„Warum bin ich schon wieder nur eine Rose unter vielen?“, rief sie enttäuscht.

Da vernahm sie mit einem Mal laute Stimmen. Sie sah drei riesige Gestalten, die langsam näherkamen. Ob das die sagenhaften Menschen waren, von denen die Bäume ab und zu erzählt haben?

Lea hörte, wie eine Rosenblüte schrie: „Bitte nicht! Bitte reißt mich nicht ab!“ Doch die Menschen beachteten sie nicht.

Lea weinte, als sie gepflückt wurde.

Die Menschen erschienen Lea groß und stark - und sehr mächtig.

Erneut trank sie aus ihrem Fläschchen und wünschte sich, ein Mensch zu sein.

Nur einen Augenblick später hatte sich ihr Wunsch erfüllt.

Sie saß sie an einer kalten Häuserwand - nur mit einem schmutzigen Kleid am Leib.

Ein Mann in einem eleganten Anzug eilte mit wichtiger Miene an ihr vorüber.

„Guten Tag", sagte Lea und streckte ihm ihre Hand entgegen.

„Aus dem Weg!", rief der Mann wütend.

„Aber ..."

„Faules Pack ...", murmelte er und verschwand.

Während sie noch darüber nachdachte, was der Mann wohl gemeint haben konnte, kam ein kleiner Junge weinend des Weges daher.

„Warum weinst du?", fragte Lea den Jungen.

Verdutzt blieb der Junge stehen.

„Ich, ich bin von einem Apfelbaum gefallen. Und die anderen, die haben bloß über mich gelacht. - Ich kann eben nicht klettern. - Ich glaube, ich, ich glaube, ich bin zu gar nichts nutze", antwortete er mit schluchzender Stimme.

„Jeder ist in manchen Dingen gut - und in manchen Dingen schlecht", versuchte Lea ihn zu trösten.

Ihre Großmutter hatte das einmal zu ihr gesagt, als sie schluchzend aus dem Blütenkindergarten nach Hause gekommen war, weil sie beim Wettrennen verloren hatte.

„Warum flogen die Bienen und Hummeln dann immer nur zu den anderen Kirschblüten?“, fragte sich Lea im Stillen.

Aber nun war sie ja ein Mensch. Was kümmerten sie da noch die Bienen und Hummeln?

„Wenn du Zeit hast, erzähle ich dir eine Geschichte ...“

„Als ich ganz klein war“, erinnerte sich der Junge, „hat meine Mutter mir jeden Abend ein Märchen vorgelesen. Aber jetzt, jetzt bin ich doch zu groß dafür.“

Lea schüttelte den Kopf. „Soll ich dir mal was verraten? - Ich glaube, viele Erwachsene sehnen sich ganz im Geheimen danach, dass ihnen jemand eine Geschichte vor dem Einschlafen vorliest. Sie trauen sich nur nicht, es zuzugeben.“

Der Junge setzte sich zu Lea auf den Boden.

Sie nahm ihn in ihre Arme und erzählte ihm die Geschichte von einer Kirschblüte, die so gerne eine große rote Kirsche werden wollte.

Der Junge schlang seine Arme fest um Lea ...

Da erwachte Lea.

Sie kniff sich zweimal in ihre Blütenblätter, bis sie glaubte, dass sie nicht mehr träumte.

Irgendetwas bewegte sich in ihr und schlürfte ihren Blütensaft.

Bald darauf flog eine kleine Biene aus ihrem Kelch.

„Das war lecker! – Dankeschön, liebe Kirschblüte."

„Oh", stammelte Lea überwältigt und strahlte. „Auch ich habe dir zu danken, liebe Biene. – Nun kann ich endlich eine große rote Kirsche werden!"

Lea winkte ihrer Biene, als sie davonflog.

Und die Biene winkte ihrer Kirschblüte.

Es war einmal ...

Ein Geschichtenschreiber. Er schrieb und schrieb. Und er freute sich sehr über alle Menschen, die sein Buch lasen. Doch hatte den Lesern seine Traumtorte des Lebens überhaupt geschmeckt?

Waren es für sie bloß sechsundzwanzig Buchstaben, die der Geschichtenschreiber in eine nette Ordnung gebracht hatte? Oder war es so, dass mit jedem Umblättern - von Seite zu Seite - Worte, Sätze, Gedanken und Gefühle erneut zum Leben erwachten? War es nur eine beliebige Geschichte unter Millionen, oder war es eine eigene, geheimnisvolle und vielleicht auch bewegende Welt?

Nun, warum ich das alles erzähle? Der Geschichtenschreiber wäre sehr glücklich, wenn seine Leser ihm die eine oder andere Antwort schenken würden. Wo man ihn erreichen kann?

Schweitzerhaus Verlag
Christian Mörsch
Frangenberg 21, 51789 Lindlar

Ob die Leser dem Geschichtenschreiber tatsächlich geantwortet haben, ob er noch immer so gerne Pfannkuchen mit Spinat isst, darüber ist nichts bekannt, ebensowenig, ob die Torte des Lebens eines Tages zu einem Stück Wirklichkeit wurde – oder aber als nachdenklicher Traum in irgendeinem Bücherregal verstaubte.

Geschichten sind eben Geschichten und können das wirkliche Leben nicht ersetzen .....

Rezensionen

... lässt einen zuweilen den Atem anhalten ... „Große Literatur“ zeichnet sich nicht durch besondere Kompliziertheit aus, wie viele Kritiker meinen, sondern durch Transparenz, Einfachheit, und – ja ich würde sagen – Liebe. Liebe zu den Menschen, mit all ihren Gefühlen, Liebe zu den kleinen, leisen Dingen, Liebe zu allem, was lebt, körperlich und geistig.

Käthe Jurgowiak, Gruiten

Wunderbare Geschichten, die Mut machen!

Anke Scharfenberg, Düsseldorf

Märchen aus der Welt der Träume, nicht nur, die vom Leben erzählen, sondern auch: Märchen, die Freude bereiten, Freude, die im Verborgenen ruht.

Märchen, die glücklich machen, Glück, das nur Dein Herz erkennt.

Märchen, die zum Träumen verleiten, ein Traum, dessen Schleier die Traurigkeit verhüllt.

Märchen, die mich erinnern lassen,

Erinnerungen an schöne Momente,

Momente wie ein Himmel voller Sterne,

Sterne, die dir den Weg weisen, wenn du im Zweifel bist,

Sterne, die für dich leuchten, wenn du dich einsam fühlst ...

Hamide Altin, Hilden

Ihr Buch hat mich gefesselt und sehr berührt. Gedanken haben wir alle, aber sie in Worte zu fassen. Daraus Geschichten zu machen, das ist schon eine besondere Gabe.

Roswitha Widera, Mettmann

Schön! Die bildhaften Beschreibungen finde ich sehr amüsant.

Sabine Erbar, Gießen

Schön, interessant und nachdenklich. Das Buch ist phantastisch!

Christina Cissek, Erkrath

Umwerfend schön und spannend.

Rosi Blickhäuser, Düsseldorf

Die Geschichten haben mir außerordentlich gut gefallen. Sie spiegeln die Traumwelt von heute wider und regen sehr zum Nachdenken über sein wirkliches Ich an. Sie erinnern mich ein wenig an den kleinen Prinzen von Exupery.

Gitta Wolfseher, Erkrath

Ich habe gerade einen wunderbaren Abend auf meiner Dachterasse verbracht: im letzten Abendlicht, mit einem Glas Wein, eine herrliche CD im Hintergrund, 2 dösende, glückliche Katzen und als Krönung Ihr „Windgeflüster“. In der Buchhandlung fiel mein Blick darauf und ich musste es einfach kaufen! Ich wusste instinktiv, es ist ein wunderbares Buch! Und? Es ist einmalig. Toll, einfach toll!

Jutta Becker, Meerbusch

Zauberhaft, süß und rundherum gelungen

Doris Traufelter

Weitere Bücher von Christian Mörsch:

Als der Mond die Sonne stahl
Geschichten zum Anfassen und Basteln

Peter Purzels Abenteuer
Die Abenteuer von Peter Purzel und seiner Freundin Namanda Nasenfein, eine ungewöhnliche Freundschaft zwischen einem Kater und einer Maus.

Das Auge des Mondsees
Märchen, doie Flügel verleihen

Schlummernde Träume
Märchen zwischen Traum und Wirklichkeit

Schmetterlinsregen
Märchen, die glücklich machen

Sternschnuppenmärchen
Über die Kunst, aus dem Leben das Beste zu machen

Alles auf Anfang
Märchenhafte Geschichten über das Leben

Das Geheimnis des Zauberladens
Begleite Merlin und Lena auf ihrer magischen Reise, die in einem Zauberladen begann ...